新时代低碳经济发展研究丛书

教育部人文社会科学研究青年基金项目"习近平总书记关于
生态经济体系的重要论述研究"（20YJC710053）
广交大科研启动费项目"'双碳'战略下中国生态经济体系
建设研究"（K42022004）

"双碳"战略下中国
生态经济体系建设研究

孙爱真　著

西南财经大学出版社
Southwestern University of Finance & Economics Press

中国·成都

图书在版编目(CIP)数据

"双碳"战略下中国生态经济体系建设研究 /孙爱真
著.--成都:西南财经大学出版社,2024.10.
ISBN 978-7-5504-6401-8

Ⅰ.F124

中国国家版本馆 CIP 数据核字第 2024YG2112 号

"双碳"战略下中国生态经济体系建设研究

"SHUANGTAN"ZHANLÜE XIA ZHONGGUO SHENGTAI JINGJI TIXI JIANSHE YANJIU

孙爱真　著

策划编辑:廖　韧
责任编辑:廖　韧
责任校对:植　苗
封面设计:星柏传媒　张姗姗
责任印制:朱曼丽

出版发行	西南财经大学出版社(四川省成都市光华村街 55 号)
网　　址	http://cbs.swufe.edu.cn
电子邮件	bookcj@ swufe.edu.cn
邮政编码	610074
电　　话	028-87353785
照　　排	四川胜翔数码印务设计有限公司
印　　刷	四川煤田地质制图印务有限责任公司
成品尺寸	170 mm×240 mm
印　　张	10.5
字　　数	157 千字
版　　次	2024 年 10 月第 1 版
印　　次	2024 年 10 月第 1 次印刷
书　　号	ISBN 978-7-5504-6401-8
定　　价	68.00 元

前言

  经济发展与环境保护的二元对立统一关系，一直是生态经济学研究的热点话题。有的国家走上"资源诅咒"曲线发展道路，短期获得经济增长，长期却造成不可逆的生态破坏；以美国、日本为代表的国家走上库兹涅茨提出的倒"U"形曲线发展道路，实施先污染后治理模式，污染物排放与经济增长呈现出先上升后下降的关系。我国应如何制定发展范式，以实现生态与经济并行并重？

  本书首先梳理了习近平生态文明思想，从"两山论"、"生命共同体"理念到构建生态文明体系的相关论述，习近平总书记对当代生态哲学的发展作出了理论贡献，丰富了马克思主义的人与自然关系理论及生态观，凸显了社会主义市场经济体制解决生态问题的优势，明确了生态哲学的研究对象、运行机制，使生态哲学发展到了新高度。

  其次，本书分析了习近平总书记提出的生态经济体系产生的时代背景、理论背景、实践背景，解读了生态经济体系的内涵及特点，并试图建立我国生态经济体系建设的总体框架。

  本书研究框架的构建基于习近平总书记的三次重要讲话：第一次是2018年在全国生态环境保护大会上的重要讲话，提出构建以产业生态化和生态产业化为主体的生态经济体系；第二次是2020年在第七十五届联合国大会一般性辩论上的重要讲话，宣布中国二氧化碳排放力争于

2030 年前达到峰值，努力争取 2060 年前实现碳中和；第三次是 2021 年在中央财经委员会第九次会议上的重要讲话，强调把碳达峰碳中和纳入生态文明建设整体布局。基于此，本书梳理出我国生态经济体系建设的总体框架：这是一个以碳中和为目标，以碳达峰为约束，以生态产业化、产业生态化为具体模式，包含政府宏观调控与消费者参与的完整系统。生态产业化机制设计基于习近平总书记的"两山论"，从生态修复、生态核心功能、生态市场功能、生态经济发展四个方面形成了完美的闭环。产业生态化机制设计的关键是降碳减污。至此，本书提炼出习近平总书记对生态经济学发展的理论贡献：一是提出了生态经济的发展模式，二是明确了生态经济的发展目标。

在机制设计层面，首先，本书进行了实证研究，在生态产业化案例中，分析了广东省生态修复的两大经典案例（湛江市三岭山生态修复案例、韶关市凡口铅锌矿生态修复案例）；在产业生态化案例中，分析了制造业领域——海螺水泥韶关工厂的低碳生产实践案例。其次，本书提出了"双碳"目标下的产业生态化机制、生态产业化机制、政府规制与消费者参与机制。本书对目标与路径关系的推演，旨在深入探索"双碳"目标融入生态经济体系的逻辑与路径，揭示出生态经济体系建设总体框架的实施路径，为我国生态文明建设贡献力量。

新时代，我们创造了中国式现代化新道路，促进人与自然和谐共生。社会主义的最大优势是集中力量办大事，尤其是在市场经济不能调节的公共产品领域。相信在习近平生态文明思想的指引下，2035 年美丽中国建设的目标一定能够实现，2060 年前碳中和目标一定能够实现。

孙爱真

2024 年 4 月

目录

第一章　生态问题及其动因

　　人与自然的关系问题一直是环境哲学领域的重要研究课题，二者关系中的道德问题成为环境伦理学的聚焦点。长久以来，自然虽与我们形影不离却一直被当作陌生的存在，更无人探讨自然的价值问题，至少很多领域的传统学派都不曾考虑这个问题。人类中心主义是很长一段历史的主基调，利益至上、控制自然、工具性价值等论调风行一时。人是目的，而自然是手段。康德说"无理性者只能是物"①，佩里（R. B. Perry）认为"寂静的沙漠和荒凉的瀑布是无价值的"②。后来出现了非人类中心主义理论，非人类中心主义有多种思潮，辛格的"动物解放论"、罗尔斯顿的"生态中心主义"③是典型代表。尤其罗尔斯顿的"荒野哲学"，是一种纯粹的自然中心论，认为自然的价值具有客观性，由此创立了环境伦理学。

　　人类中心主义和非人类中心主义是人与自然关系的两极，主客二分的做法使相关理论从一个极端走向另一个极端，如欧洲学者史怀泽提出了生物平等主义，然而这些理论共同的问题是缺少实践性和现实性。人与自然的矛盾由来已久，在资本主义以前的社会形态中矛盾较为缓和，因为手工劳动下的经济模式对自然的攫取和破坏较少。资本主义通过工业革命提高了生产力，用机器、电气设备、计算机等取代手工劳动形成三次工业革命浪潮，激化了人、自然与社会之间的矛盾。

---

① 周辅成.西方伦理学名著选辑：下［M］.北京：商务印书馆，1987.
② 余谋昌，王耀先.环境伦理学［M］.北京：高等教育出版社，2004.
③ 李勇强，孙道进.生态伦理证成的困境及其现实路径［J］.自然辩证法研究，2013，29（7）：73-77.

第一节 人类中心主义带来生态灾难

一、人类中心主义的直接后果：消费异化

人类中心主义长期都是哲学思想的主流，世间万物的属人性规定了人的优越性。在人类中心主义的视角下，世间万物的存在都是为了满足人的欲望，因此自然被视为具有工具性也就不足为奇了。长期以来，人的欲望被不断满足、不断固化，最终形成一种理念——控制自然以满足人类无限的欲望。法兰克福学派马尔库塞的弟子威廉·莱斯在《自然的控制》中认为，"控制自然"已经成为一种普遍的社会意识[①]。

科学技术在控制自然、满足人类欲望方面作用明显。人类用科学技术手段干预自然的做法一直没有停止过，这种干预有合理性，但同时也会带来技术异化。第一，技术的合理利用。比如，以蒸汽机为代表的第一次工业革命，以电力为代表的第二次工业革命，以计算机为代表的第三次工业革命。第二，技术异化。在无尽的欲望面前，技术异化的结果用安德瑞·高兹的话说，就是"技术法西斯主义"，是一种为了满足人们的消费欲而强制使用的技术，比如高危核技术。一旦这类技术被用于医疗领域，就会出现"过度医学化"，塑造"完美健康的医学神话"。

消费异化的主要表现是人类过度消费且难以制止。资本主义文明在安德瑞·高兹看来，其核心引领是过度消费。这种文明一方面破坏了人们可持续消费的可能，另一方面又试图修缮对消费的破坏。在消费异化理念下，人们对产品的需求不再是"够用就好"，而是"越多越好"。因此，阿格尔把消费异化定义为"人们为补偿自己单调乏味的、非创新性的、报酬较低的劳动而热衷于消费商品的一种现象"[②]。即使人类的需要面临源自人类本身、人类社会和自然约束的困境，也无法阻止消费异化的发生。在消

---

① 莱斯. 自然的控制 [M]. 岳长龄，李建华，译. 重庆：重庆出版社，1993.
② 阿格尔. 西方马克思主义概论 [M]. 慎之，等译. 北京：中国人民大学出版社，1991.

费异化的阴影下，1976 年威廉·莱斯出版《满足的极限》一书，主张通过伦理和科技的双重进步限制人类的欲望。

二、消费异化的直接原因：生产异化

生产异化带来消费异化的原因有三个：

（一）经济理性的驱使

胡塞尔指出，使欧洲人成为欧洲人的本性是理性，是生而固有的。经济理性源于亚当·斯密的《国富论》和《道德情操论》，其核心要义有两点：一是最大化原则，即生产者追求利润最大化、消费者追求效用最大化；二是自私带来他利，即符合人的本性的自私行为在带来自利的同时，必须带给他人更多的利益。经济理性驱使资本、劳动、土地等要素服务于规模化的生产，服务于世界性的资源贸易和掠夺。生产者和消费者是"控制自然"的主要参与者，生产者向自然要效益，消费者向自然要效用，生产者便大干快上、加班加点以满足消费者不断增长的物质文化需求。

（二）消费与生产的同质性使得生产异化转化为消费异化

从马克思主义的量变质变规律来看[1]，消费与生产在质的方面是相同的，都是为了满足人类的欲望，只是在满足需求的数量、时间等方面存在差异。因此，异化劳动（生产的异化）的四种表现就会演变为消费的异化，最终导致人与人、人与产品关系的扭曲。

马克思在《1844 年经济学哲学手稿》[2] 中指出生产异化有四种表现。第一，劳动者与劳动本身的异化。劳动者最初奉行的"我劳动，我存在，我快乐，我实现自身价值"的理念被迫演变为"我劳动，我痛苦，我们像逃避瘟疫一样逃避劳动"。恩格斯在《英国工人阶级状况》[3] 中对劳动与工人自身身体的异化有过详尽的描述。第二，劳动者与自己的劳动产品相异化。在物以稀为贵的市场交换法则下，劳动者劳动得越多、生产的产品越

---

① 马克思，恩格斯. 马克思恩格斯全集：第二十六卷 [M]. 北京：人民出版社，2014.
② 马克思. 1844 年经济学哲学手稿 [M]. 北京：人民出版社，2000.
③ 马克思，恩格斯. 马克思恩格斯全集：第二卷 [M]. 北京：人民出版社，1957.

多，工资反而越少；相反，少生产有可能获得更多收入。第三，劳动者同自己的"类本质"相异化。劳动者向往自由自觉的生产劳动，能够进行创造性的劳动是人类区别于动物的本质所在。然而，异化劳动把自由自觉的劳动贬低为手段，使人的"类生活"变成维持人的肉体生存的手段。第四，人与人关系的异化。这集中表现为在资本主义生产方式下所形成的资产阶级、无产阶级间的剥削与被剥削的关系。

（三）资本主义生产方式催生了消费异化

这里有三层含义：一是资本主义对技术的应用最为彻底，以福特式大工业生产为代表，大量生产使得产品日益丰富。二是市场经济的交换法则使得社会全面异化。弗洛姆指出：在现代（资本主义）社会中，异化现象普遍存在，表现在人与工作、人与消费品、人与国家、人与同胞、人与自己等的关系中①。三是消费异化的"商品拜物教"性质，使得消费异化成为各类异化的主要载体。人们通过商品消费表达对工作、对同胞、对国家、对社会的看法。

三、生产异化的社会成本：道德滑坡与生态灾难

生产异化带来两个后果：一是劳动者的尊严丧失，二是新陈代谢断裂引发的生态灾难。劳动者的尊严丧失使得劳资矛盾无法调和，资本主义市场经济模式的鼻祖亚当·斯密以及20世纪代表性人物撒切尔夫人都无法解决生产异化的代价——道德滑坡问题。北京大学哲学教授、《沉思录》译者何怀宏指出："伦理学在斯密心目中的地位，对于道德真理的探讨在斯密那里是贯穿始终的。"梁小民说："市场经济应该是一个讲道德的经济，没有诚信、同情心这些最基本的道德观念，市场经济就会引发灾难。"

事实上，比道德缺失更直接的，是生产异化导致的生态灾难。生产异化是由人类无限欲望下消费需求的扭曲传导而来的，进而扭曲了人与自然相依而生的关系。20世纪50—80年代是环境恶化的第一次高峰：城市化、工业聚集、能源滥用等因素造成了震惊世界的八大公害事件。20世纪80年

---

① 弗洛姆.健全的社会［M］.孙恺祥，译.贵阳：贵州人民出版社，1994.

代至今是环境恶化的第二次高峰：温室效应、水污染、土壤污染、大气污染、核泄漏①。蕾切儿·卡森1962年出版的《寂静的春天》描绘了一个受农药、杀虫剂、放射性污染影响的病态社会。环境恶化使得马斯洛描写的最低生理需求难以满足，环境恶化影响了人的呼吸，雾霾指数居高不下。外在环境的压抑和工作的竞争压力使得人类的自我调节能力受到严重损伤，产生一系列心理生理问题。

导致这些问题的原因主要有两个：一是资本家在生产过程中仅仅追求剩余价值和利润的最大化，对劳动者漠不关心，对生态破坏置之不理。二是政府未能使生产者的环境污染成本内在化，生产异化的成本由全社会承担。生产者无法把污染的空气运走，更不愿意为环境问题全额买单。伽里特·哈丁阐述了"公地悲剧"假说，以农民使用奶牛在公共草场上放牧为例，在草场面积不变的情况下，每个利益最大化的农民必然增加奶牛数量，最终带来"畜满为患"、草场消失的悲剧。福斯特指出，马克思思想体系中蕴含的新陈代谢断裂理论为生态灾难提供了强有力的解释，自然界内部的新陈代谢断裂、自然界与人类社会的新陈代谢断裂使生态系统的自调节功能逐渐丧失。在人类与非人类生存的大地共同体中，地球就是公共草场，环境就是公共物品，生产者为了满足消费者欲望而进行的污染式生产最终又把污染毫无保留地还给了消费者。这里有两个"罪孽深重"的参与者：生产者和消费者。

第二节　资本主义生产方式造成环境污染

马克思主义认为，资本主义的基本矛盾是生产社会化与生产资料的私人占有之间的矛盾。这种矛盾是生产力和生产关系矛盾运动在资本主义社会的具体表现，它本质地回答了在资本主义社会中，人与自然关系、人与社会关系的不可调和性。

---

① 郭辉.罗尔斯顿自然价值论研究［D］.南京：南京林业大学，2006.

多年以来，人们对资本主义基本矛盾的理解总是从生产物——商品的角度探讨商品的劳动价值创造过程和产权归属问题，因此更多重视人的因素。其结论是，工人生产的劳动成果被资本家无偿占有，工人仅获得维持和再生产劳动力所必需的工资。事实上，资本主义工业生产往往会带来环境污染，自然环境这一因素往往被忽略。资本家在生产社会化的同时，往往把环境污染的结果丢给整个社会，他们则愉快地把利润和剩余价值带走了。

从20世纪70年代开始，莱斯、阿格尔、奥康纳、克沃尔、福斯特等人开始探讨马克思生态思想的存在性和合理性，为资本主义的环境污染寻找解决方案。国内学者刘仁胜、孙道进、陈凌霄、张秀芬等从马克思中学和大学时代的论文和笔记、《资本论》、《1844年经济学哲学手稿》等资料，探寻马克思生态思想的演化轨迹，肯定了马克思基于人、自然、社会关系的生态思想的内涵，从系统性和实践性的角度，为生态马克思主义在中国的传播作出了贡献。

伯克特指出，根据《1844年经济学哲学手稿》中有关异化劳动和自然异化的分析，基本可以确定，"劳动者与自然生产条件的分离，是马克思提出的资本主义基本矛盾的中心问题"[1]。事实上，我们考虑环境污染时，可以把产品二分为传统产品和生态产品。传统产品是资本家不投入治污设备和成本的情况下生产出来的，生态产品是资本家投入治污设备和成本时生产的产品。资本主义生产方式的逐利性决定了传统产品生产较多、生态产品生产较少。因此，资本主义基本矛盾在生态领域呈现出三种新的表现形式。

一、在消费上，存在传统产品生产能力的无限扩大与市场容量有限之间的矛盾

（一）克沃尔"需求的极限"、马斯洛的物质需要和精神需要层次论

借鉴马克思主义者提出的"消费异化"、罗马俱乐部提出的"增长的

---

① BURKETT P. Marx and nature: a red and green perspective [M]. Basingstoke: Macmillan Press, 1999.

极限"，克沃尔提出了需求极限的理念。克沃尔指出，应该从控制人类的需求开始，按照热力学原则控制生产过程，并在交换领域坚持以使用价值替代交换价值①。消费异化是指劳动者在资本家大肆宣传下，通过消费过程体验"快乐"，而这种"快乐"的用途是使劳动者忘记劳动过程的痛苦。这使得消费主体、对象、环境等向其自身的对立面转化。在消费异化面前，消费被人为地放大，整个社会具有了马克思所定义的"拜物教"性质②，人们的需要以物品来满足，人们的主体性受到物的支配。

然而，正如罗马俱乐部所指出的"经济增长受到人口爆炸、粮食生产、不可再生的资源、工业化及环境污染五个因素的影响，存在一个增长的极限"一样，收入增长和需求增长也是存在极限的。需求主要受到收入的影响，特别是可支配收入的制约，收入与消费之间存在一个合理的杠杆比，因此消费同样是存在极限的。从单纯的生理意义上讲，人们对吃、穿、住、用、行等物质资料的消费，存在一个最高临界值，不会趋于无穷大。

人本主义心理学家马斯洛研究了人的需要的类型，给出了五种需要：生理需要、安全需要、爱和归属的需要、尊重的需要、自我实现的需要③。其中，生理需要和安全需要属于物质层面的需求，通过物质资料的消费来满足和实现。然而，人们对物质资料的追求总是存在极限和平衡点的，之后人们就开始追求精神需要，包括爱和归属的需要、尊重的需要、自我实现的需要。五种需要中，物质层面的需要只占据四成，说明人们更重视精神层面的需要。通过细分马斯洛的需求层次论，我们能够发现人们对物质资料需求的极限，正是在此意义上，市场容量总是有限的。

（二）传统产品生产能力的无限扩大

（1）从生产资料看，资本家有原始积累，而工人一无所有。于是，资本家通过购买劳动力和其他生产要素，使劳动力成为商品，使货币转化为

---

① KOVEL J. The enemy of nature：the end of capitalism or the end of the world？［M］. London：Zed Books Ltd., 2002.

② 马克思. 资本论：第一卷［M］. 北京：人民出版社, 2004.

③ 马斯洛. 动机与人格［M］. 刘霭, 译. 北京：民主与建设出版社, 2023.

资本，从而开始资本循环和周转，产生大规模的剩余价值。而且，随着科技发展和机器人的采用，资本有机构成逐步提高，机器作为"不会劳累的物种"，夜以继日地开工生产，是造成产能无限放大的直接原因。

（2）从生产成果看，剩余价值归资本家私人占有。工人依靠资本家发的工资生活，从事简单再生产的活动，几乎没有结余。而资本家通过扩大再生产，不断蚕食工人的劳动成果，正如马克思所说，"如果有 10% 的利润，它（资本）就保证到处被使用；有 20% 的利润，它就活跃起来；有 50% 的利润，它就铤而走险；为了 100% 的利润，它就敢践踏一切人间法律"[1]。

可以看出，从最初对生产资料的占有到最终对生产成果和剩余价值的占有，资本家一直处于绝对优势地位，资本对劳动的奴役无处不在。正是资本家扩大再生产与工人简单再生产的力量悬殊，使得社会的整体生产能力被无限扩大。在剥削劳动者的同时，资本家还不愿意增加环保投入，因此其生产的产品多数是传统产品。

二、在生产上，存在个别企业生态产品生产的有组织性与市场的无序竞争

（一）具有自然道德的企业较少

关于自然的道德和价值问题，环境伦理学派的代表罗尔斯顿认为，自然应该具有与人类同等的价值和权利，人应该成为自然的道德代理人，应该尊重自然这一道德顾客，正是在此意义上自然产生了内在性价值[2]。

然而，资本主义的企业、企业家受西方经济学、管理学思想影响较深，往往以经济人、社会人为人性前提，对自然人、生态人[3]的关注不够，因此资本主义社会中具有自然道德意识的企业和企业家较少。更多的企业只愿意承担税收、扶贫等社会责任，从思想意识方面忽略了自然的价值，

---

① 马克思，恩格斯. 马克思恩格斯文集：第五卷 [M]. 北京：人民出版社，2009.
② 郭辉. 罗尔斯顿自然价值论研究 [D]. 南京：南京林业大学，2006.
③ 李勇强. 马克思生态人学思想及其当代价值研究 [D]. 重庆：西南大学，2015.

缺少维护自然秩序的生态意识。马克思指出，人的本质是具有自由自觉意识①。事实上，人类的解放正是从人与自然的和谐关系中发展出来的，能够自由自觉地拥抱自然才是一个行为符合本质的人。

（二）生态保护薄弱的企业大量存在

1. 奥康纳的二重危机论

奥康纳认为，资本主义存在着二重危机：一是经济危机，表现为生产力与生产关系的不匹配和不可调和；二是生态危机，表现为生产力、生产关系、生产条件的不匹配和不可调和②。在马克思有关对象性劳动的内涵中，劳动对象既包括可以加工的原材料、动植物，也包括原生态、没有加工的自然资源，如矿藏、森林等。这里劳动对象类似于奥康纳的生产条件，资本主义竭泽而渔的掠夺式生产，带来了生态危机，生态保护不力的企业在资本主义社会中大量存在。

2. 从自然的奴役到资本的奴役

在自然经济时代，自给自足、封闭保守的经济发展模式实现了简单再生产，只能解决人的温饱问题。人类成为自然的奴役，面对自然灾害无计可施，自然成为人类的依靠和物质资料来源。在商品经济时代，人类中心主义者在工具理性的影响下，认为自然只具有工具价值，人、自然、科技等诸多要素都要服务于资本的扩张。

自然作为人的无机身体，在人进行物质变换的过程中，其重要性被掩盖了。马克思指出"劳动是财富之父，土地是财富之母"，而资本家只看重劳动的价值，遗忘和抛弃了自然的作用，造成人与自然的割裂。事实上，劳动的前提和客观条件便是自然，自然先于人类而存在，自然环境对劳动有制约作用。

3. 经济学关于外部性和公共产品的解释

从经济学中私人产品和公共产品的划分来看，生态属于公共产品的范畴，具有非竞争性、非排他性，一旦生产出来所有参与主体都能享用。同

---

① 马克思，恩格斯. 马克思恩格斯全集：第四十二卷［M］. 北京：人民出版社，1979.

② 奥康纳. 自然的理由［M］. 唐正东，臧佩洪，译. 南京：南京大学出版社，2003.

时生态具有典型的外部性，正如习近平总书记所说，"良好生态环境是最公平的公共产品"①。因此，良好的生态环境带来的是正外部性，是全社会的民生福祉。资本主义国家由于私有制占主导，国家层面对生态环境保护的投入明显不足。

同时，恶劣的生态环境只会带来负外部性，让整个社会买单，后患无穷。伦敦和洛杉矶一度成为空气污染的中心，伦敦曾约有 1.3 万人因此丧生，污染问题花了 20 多年时间才有所缓解，而洛杉矶足足花了 50 多年。其中的重要原因在于当地的企业和企业家利用了生态这一公共产品的外部性，为追逐利润最大化而丧失生态责任，最终导致整个社会的生态灾难。

（三）资本主义国家的政府在生态领域的责任意识不足

资本主义国家的政府是资本家的代言人，往往由利益集团通过所谓的"民主"方式选出。资本主义国家政府的运营模式类似于大企业，受利益至上观念影响深重。资本主义生产方式，在资本主义国家内部表现为弱政府与大市场的结合，弱政府造成基础设施、生态等公共产品投入不足；在国际上表现为垄断资本借助贸易、金融等领域掠夺发展中国家。代工模式、世界工厂模式、产业转移模式造成了发展中国家严重的工业污染，而资本主义国家的政府对非本国的污染置之不理，部分国家不愿签署相关的气候协定，对节能减排态度消极。因此，资本主义国家的政府在生态领域的责任意识不足。

三、在阶级关系上，存在雇佣者与被雇佣者在生态保护方面的对立关系

（一）雇佣者对传统产品的庇护

在马克思看来，雇佣者——资本家对剩余价值的榨取有两种方式：绝对剩余价值生产和相对剩余价值生产。随着工会组织的建立和劳资矛盾的白热化，榨取绝对剩余价值这种显性的剥削手段逐步被榨取相对剩余价值的隐性剥削手段取代。尤其是通过科技手段提高劳动生产率、减少工人数

---

① 习近平. 习近平关于总体国家安全观论述摘编 [M]. 北京：中央文献出版社，2018.

量进而提高人工效率的做法，使相对剩余价值日益累积。

然而，劳动效率的提高并没有体现在产品的生态化方面。马克思以鱼和水的关系来论证自然被破坏的程度。"河鱼的'本质'是河水。但是，一旦这条河归工业支配，一旦它被染料和其他废料污染……这条河的水就不再是鱼的'本质'了，它已经成为不适合鱼生存的环境。"① 马克思指出，资本家精致化的生活背后，是工人们"产生着需要的牲畜般的野蛮化和最彻底的、粗糙的、抽象的简单化"②。

（二）被雇佣者对生态产品的渴求

马克思在《1844年经济学哲学手稿》中深刻地剖析了工人劳动的四种异化类型：劳动过程同劳动者异化、劳动产品与劳动者异化、人的类本质异化、人同人相异化③。福斯特指出，马克思的四种异化论从根本上体现了人与自然的异化。最终被雇佣者与自然割裂，甚至难以呼吸到新鲜的空气，肮脏的阴沟、日益腐败的自然界围绕着劳动工人，成为工人生活的必要因素④。

在更一般的意义上，工人在制造传统产品的过程中，总是既摧毁自然又摧毁自身的肌体。工人劳动得越多，对自身和自然的摧残越多，工人似乎在以非人道的方式对待他人，也禁锢了自己。因此，工人比任何其他人都渴望生产生态产品，渴望生产过程的清洁化、环保化，最理想的状况是零污染。

第三节　马克思主义环境治理理念的演进

一、自然主义的崛起及生态本位理念的提出

非人类中心主义正是基于环境问题而对人类中心主义发难。以罗尔斯顿为代表的环境伦理学派主张自然拥有与人同等的价值和权利，这种价值

---

① 马克思，恩格斯. 马克思恩格斯全集：第四十二卷 [M]. 北京：人民出版社，1979.
② 马克思，恩格斯. 马克思恩格斯全集：第四十二卷 [M]. 北京：人民出版社，1979.
③ 马克思. 1844年经济学哲学手稿 [M]. 北京：人民出版社，2002.
④ 马克思，恩格斯. 马克思恩格斯全集：第四十二卷 [M]. 北京：人民出版社，1979.

第一章　生态问题及其动因 ┊ 11

表现为工具性价值、内在性价值和系统性价值的"三位一体"。传统伦理学和哲学因为价值的属人性质早已抛弃自然的价值问题，认为自然是一个自组织的循环系统。然而作为环境伦理学本体论之根的"荒野哲学"弥补了这一空白，该理论基于荒野早于人类而存在的事实，认为人类没有创造荒野，但荒野却创造了人类[①]，其本质在于回答自然的内在性价值究竟是什么。事实上，黑格尔早已认识到先有自然界，后有人类。罗尔斯顿认为人是自然的道德代理人（moral agent），并假设人能够尊重自然这一道德顾客（moral patient），于是自然的内在性价值就产生了。

生态本位理念是人类对自身环境系统进行反思的结果，是后工业时代、文明社会的产物，因为一个循环高效的生态系统是人类文明进步的根本前提。生态本位理念的基本内涵是：人类改造自然活动的范围受到环境的约束，环境与人口密度维持基本平衡，树立人均思想，使人均自然资源占有量、人均物质资源占有量达到真正协调，最终使人们接受环境第一的生态伦理观。

然而，以资本家为代表的既得利益者总是阻挠我们为自然辩护的努力，而且劳动者总是在与资本家的抗争中败下阵来。因此，仅仅有劳动者这一道德顾客是不够的，资本家这一道德顾客何时能够真正参与环境治理是一个关键问题。我们认为，无论是在资本主义社会还是在社会主义社会，政府对环境的监管都必须到位。生产者和消费者必须树立生态本位的思想，即任何组织和个人在参与生产、分配、交换、消费的过程中，必须把保护环境放在第一位，环境污染的成本必须内部化，遵循谁污染谁付费的原则。

二、生态本位理念对消费异化的纠正

（一）生态本位理念使自然的道德代理人越来越多

马克思主义认为，自然不是与人无关的自然，而是人的活动对象[②]。

---

① 李承宗. 马克思与罗尔斯顿生态价值观之比较 [J]. 北京大学学报（哲学社会科学版），2008，45（3）：27-32.

② 孙道进. 马克思主义环境哲学的本体论维度 [J]. 哲学研究，2008（1）：28-32.

"因为物质财富，使用价值世界只是由自然物质构成的，这些自然物质通过劳动改变了形态"①。罗尔斯顿自然内在性价值的前提假设也是"尊重自然的人"，只有自然的道德代理人存在，自然本身的内在性价值才能存在。显然，自然与人是无法割裂开的，二者统一于人的对象性劳动。逻辑如下：生态本位理念使政府可以对过度消费课以重税，使资源消耗过大的行业和产品价格提高，使环境污染的成本内在化并在消费环节得以体现，进而使节约能源资源成为一种习惯、成为一种文明，最终所有人都成为自然的道德代理人。

（二）生态本位理念涵盖了自在自然和人为自然

自然资源主要以两种形态存在：一类是公共的自然资源或自在自然，比如清新的空气、天然的水、蓝天白云，任何人都可以免费获得，不需要人类对象性劳动的加工。马克思认为："如果一个使用价值不用劳动也能创造出来，它就不会有交换价值，但作为使用价值，它仍然具有它的自然的效用。"② 另一类是用于加工私人产品的自然资源或人为自然，比如农产品、工业品等，需要生产者购买原材料进行加工制造，加入对象性劳动后就具有了使用价值和价值，用于交换则具有交换价值。

生态本位理念涵盖了上述两类自然，摒弃了以往只注重加工消费环节环境问题的错误。事实上，自在自然和人为自然是相互作用、相互影响的。消费异化导致的环境问题最终会传导到公共自然资源领域，从而使自然环境遭到彻底的破坏。

（三）生态本位理念使企业更加重视劳动者权益保护

基于自然资源的二分法，自在自然的最佳存在状态是原生态，保持现状维护其生态平衡、减少人类干预是最适当的，而人为自然则要依靠对象性劳动加以维护。当前，消费异化主要体现在人为自然领域，更多强调商品的交换价值，即人们运用金钱换取商品的使用价值以获得满足感。正如本·阿格尔所指出的："人们在劳动中缺乏自我表达的自由和意图，使人逐

---

① 马克思，恩格斯. 马克思恩格斯全集：第四十七卷 [M]. 北京：人民出版社，1979.
② 马克思，恩格斯. 马克思恩格斯全集：第四十六卷 [M]. 北京：人民出版社，2003.

渐变得越来越柔弱并依附于消费行为。"① 因此，解决消费异化问题必须从劳动中寻找答案。在马克思主义体系中，价值来源于生产性劳动，在生产、分配、交换、消费四环节中生产是第一位的。生态学马克思主义者戴维·佩珀明确指出："异化消费使人们把消费作为生活的唯一目的和乐趣。我们应该把消费转变为创造性的劳动，在生产劳动中实现自身价值。"②

（四）生态本位理念使企业更加重视环境成本和环境效益

环境的外在性和"公地悲剧"的存在，使生产者回归生态本位变得更加紧迫。生产者在环境问题上必须有自己独立的意识，承担环境"道德代理人"的责任，不能因消费者偏好的多样化和可变性而放弃这一责任，实施对环境危害的行为。同时，从权责对等的法学角度看，生产者在生产过程中导致的污染必须由生产者自身解决，生产者不能把污染环境的代价让渡给整个社会，自己却"搭便车"。显然，在人为自然领域，生产者是环境责任的第一主体。

在政府的有效监管下，在环境成本内部化以后，生产者就必须抛弃"边污染边治理、先污染后治理、污染处理高投入低产出"的旧思路，提前布局污染处理设施，重新核算成本收益，实施对环境友好的行为。

（五）生态本位理念能够增强生态产品的生产能力

要增强生态产品的生产能力，首先要实现理念的变革。生态本位理念契合了生态产品生产的要求。自然主义对劳动和生态本位的回归，将使资本主义制度向生态社会主义制度转变，"劳动价值""职业满足"和"共同决策"将成为新制度的符号，并把人类真正融入自然体系，形成"人类—自然—社会"整体系统。

增强生态产品的生产能力必须从自在自然、人为自然两个领域全面突破，这与生态本位的做法是一致的。生态本位要求生产者应具有生态道德责任意识，履行环境承诺和契约精神，真正实施对环境有利的生态行为，而企业主及其股东是私人产品生产的第一责任主体。然而，生态本位的实

① 阿格尔.西方马克思主义概论 [M].慎之，等译.北京：中国人民大学出版社，1991.
② 解保军.生态学马克思主义名著导读 [M].哈尔滨：哈尔滨工业大学出版社，2014.

施主体仍是以产业工人为代表的劳动者，生态产品的实现主要依靠节能减排措施的推进，具有生态本位意识的劳动者对节能减排的行为方式、行为效果的认知，能够使更多的生态产品生产出来。

三、生态社会主义及其实现路径

依据生态学马克思主义的观点，基于资本主义在生态领域基本矛盾的普遍存在，可以分为两个阶段逐步实现生态社会主义。第一阶段以佩珀为代表，时间节点在进入 21 世纪之前，他希冀资本主义国家通过走改良道路，让资本家和利益集团更加重视生态，把异化消费转变为创造性劳动，以提高工人的生态意识。第二阶段以克沃尔为代表，时间节点在进入 21 世纪之后，他力图通过公有制、社会革命实现生态社会主义。

（一）对资本主义改良的道路

生态学马克思主义者佩珀的代表作《生态社会主义：从深生态学到社会正义》①，认识到资本主义制度是生态危机的根源，提出了对资本主义全面改良的道路。在经济体制运行方面，他主张实行计划与市场结合的混合型经济体制，改变以往生态中心主义者对经济"零增长"的思路，主张适度发展经济以解决仍然存在的贫穷问题；在政治运行方面，他主张民主自治和权力的分散，强调国家机构在民主实施中的指导性作用，主张通过群众参与来推翻资本家的压迫；在实施手段上，他主张通过非暴力手段实现生态改良，发挥工会、技术组织等组织形式的作用；在国际事务中，他反对发达国家对发展中国家的生态殖民主义。在改良的道路上，针对如何缓解劳动者对生态问题的抱怨，使其振作精神继续热爱生活，佩珀明确指出："异化消费使人们把消费作为生活的唯一目的和兴趣。应该把消费转变为创造性的劳动，在生产劳动中实现人们自身的价值。"②

（二）对资本主义革命的道路

克沃尔指出，改良道路是当前资本主义国家面对生态危机的普遍选

---

① 佩珀. 生态社会主义：从深生态学到社会正义 [M]. 刘颖，译. 济南：山东大学出版社，2005.

② 解保军. 生态学马克思主义名著导读 [M]. 哈尔滨：哈尔滨工业大学出版社，2014.

择，旨在维护资本主义生产生活方式，实际上只是做简单的修修补补。这种改良主要表现在经济运行体制、政治结构和民主、技术革新和完善三个层次上。克沃尔强调，资本这个"自然之癌"是不愿意受到任何约束和限制的①，因此改良主义注定不能从根本上解决生态危机，只能延缓危机，增强资本主义应对生态危机的能力而已②。

克沃尔同时分析了苏联和东欧社会主义国家，认为这些国家的社会主义不符合马克思在《共产党宣言》中所描述的社会主义。关键的差异在于，社会主义的实现需要劳动者的解放和自由联合，而走向自由联合的道路需要公有制的支撑。但这些国家的公有制发生了异化，即从社会主义异化为"国家资本主义"，生产资料被国家及其政党占有，而不是被劳动者占有，因此不是真正的公有制。

因此，在剖析当前资本主义生态危机的基础上，克沃尔主张依靠真正的公有制来解决，并认为只有生态社会主义才能解决生态危机。原因在于，只有真正的全民所有才能消除资本的逐利本性、反生态本性，才能使劳动力和使用价值被真正解放出来。

四、福斯特的生态学马克思主义思想剖析

福斯特是在考察马克思的时代背景和思想发展历史的基础上重新阐释马克思的生态学思想的。他在对马克思的思想发展做了一个历史的考察后，提出了生态唯物主义思想，并挖掘出新陈代谢断裂思想。他认为目前越来越严重的生态危机要归因于资本主义私有制和相关政治制度，并对如何应对生态危机提出了自己的真知灼见，从而形成了自己独特的生态学马克思主义思想。

在当前全球生态危机日益严重的情况下，福斯特的生态学马克思主义不仅为我们了解发达资本主义国家提供了参考，而且对我国构建和谐社会

---

① KOVEL J. The enemy of nature: the end of capitalism or the end of the world? [M]. 2nd ed. London: Zed Books Ltd., 2007.

② 余维海. 克沃尔的生态社会主义理论初探 [J]. 南昌航空大学学报, 2010, 12 (3): 68-73.

具有重要的思想价值和现实意义。但是，此思想并非完美无缺，下面着重分析一下它的合理性和局限性，希望对中国式现代化建设有所裨益。

（一）福斯特的生态学马克思主义思想的合理性剖析

1. 对生态危机根源的揭露具有彻底性

福斯特认为，生态危机的根源不能归咎于资本家个人的自私贪婪，抑或消费者的异化消费，更不能归咎于科学技术、工业化、控制自然的传统观念，人们应该从生产方式中去寻找真正的答案。在福斯特看来，资本主义生产方式在人类历史上对社会进步起到了巨大的作用，但追求利润的最大化是资本主义扩张的显性逻辑，而这种逻辑必然导致资本主义与自然界之间的对立，资本主义要想扩张就必须把各类自然资源当成掠夺和获取利润的源泉之一。资本主义社会在不断增强资本对人的剥削的同时，一刻也没放松资本对自然的剥削。

福斯特认为，这种资本对自然的剥削造成了新陈代谢的断裂。他指出，在资本主义社会中，资本家是以追求利润最大化和财富积累为最高目标的，资本主义的大土地所有制、远距离贸易破坏了人与土地间的客观联系，造成土壤需要的营养成分无法得到有效的补充，导致土壤肥力下降，土地匮乏，农业生产出现严重危机。这违背了生命规律，毁坏了自然条件，造成人和土地之间的新陈代谢出现不可修缮的断裂，这是资本主义社会自然发展所形成的一个过程。福斯特还指出，新陈代谢的断裂本质上是自然和社会关系的异化，以及由此带来的自然界本身的异化。当前，这种异化直接表现为全球性的生态危机。

福斯特不仅深刻批判资本主义为追求利润最大化而导致生态危机，而且强烈谴责发达资本主义国家把生态危机转嫁到发展中国家的卑劣行径。萨默斯的"让他们吃下污染"是资本主义奉行生态帝国主义的最佳写照。按照萨默斯的观点，世界银行应当鼓励将污染企业和有毒废料转移到欠发达国家，欠发达国家个体生命的价值不值一提。福斯特指出，不管是世界上大多数人的幸福、地球生态的命运，还是资本主义自身的命运，都不容许资本主义对第三世界进行公开的掠夺。而且，也没有什么比这种掠夺更能反映出资本主义经济学的本质特征了。

福斯特指出，社会的政治利益集团总是忽视当代生态危机的严重性，不愿进行社会变革，所以必须对进行掠夺式开发的现存生产方式和观念进行无情的批判，必须摒弃阻挠通过自然与社会和谐发展而建立更公正社会秩序的生产方式。但是，人类与地球建立一种可持续关系并非遥不可及。而要做到这一点，就必须改变社会关系。我们应该选择另一种方案，那就是沿着社会主义的方向改造资本主义社会的生产关系。按照马克思的观点，社会主义社会存在的目的不再是追逐利润而是满足人民的真正需要和社会生态的可持续发展。

我们可以看出，福斯特通过资本主义社会的生产方式和对外扩张方式两个视角，对生态危机的根源进行了深刻的揭露。他指出，当前全球的生态危机问题不能归因于人类固有的本性、现代性、工业主义或经济发展本身，人们总是生活在整个社会之中，单个人的行为影响是微乎其微的，资本主义生产方式和制度本身才是造成生态危机的根源。他深刻地揭示出生态危机是资本主义奉行扩张逻辑的必然结果。与以往的西方马克思主义者不同的是，福斯特对生态危机根源的揭露更深刻、更尖锐、更彻底。

2. 生态社会主义的实现具有阶级性

在建构生态社会主义的实现路径时，福斯特注重阶级斗争对社会变革的积极作用，认为实现生态社会主义在策略上要采取将环境运动与以工人阶级为基础的社会正义运动相结合的方式，其思想具有明显的阶级性。

福斯特认为，资本主义的生产方式导致了全球的生态危机，如果要解决生态危机，就必须依靠工人阶级进行生态革命。工人阶级的生存状态决定了他们进行革命的彻底性和坚决性。他指出："以阶级为基础的运动，仅它自身就具有推翻主导的社会关系的能力。历史事实告诉我们，仅阶级运动就可以形成一股历史的力量，这股力量能够重新建构起一种全新的生产方式和把一种生产方式改造成另一种生产方式。在这个意义上，历史仍然是阶级斗争的历史。"① 福斯特认为，当前资本主义一味满足的只是统治阶级的需要，并不是整个国家的需要，与民主、自由、公正更是毫无关系。

福斯特进一步认为，资本主义制度最重要的部分是国家与资本的合作关系。如果要开展生态转化运动和建立可持续发展的社会主义社会，就必须摧毁资本主义国家与资本的合作关系，由一种崭新的民主化的政治权力与公民权利相结合的形式来替代它。这就要求人们不仅要摈弃资本主义的积累方式及其对人类和环境的影响，而且还要进行生态革命。这场生态革命必须创造出平等的、民主的、可持续的、普遍自由的、真正伟大的变革，这场革命必须从劳动人民和处于全球资本主义社会最底层的群众的斗争中汲取力量。而要想形成大规模的群众性的环境保护运动，就必须建立广泛的劳工-环保联盟，从而通过生态革命建立生态社会主义。在这种社会里，最大规模和最严重的破坏环境的行为及其根源被直接加以铲除。由此可见，福斯特在建构生态社会主义的实现路径时，非常重视阶级斗争，他努力把资本主义生态危机的解决和社会主义的阶级斗争结合起来，详细阐述阶级斗争在走向生态社会主义中所起的积极作用，从而赋予其学说以阶级性。

3. 生态道德观的重建具有可持续性

福斯特认为，当今资本主义社会在生态问题上还存在着不道德行为。"居所急剧失落，也就是对地球某一区域依附感的失落，与当今资本主义制度及其内含的生态帝国主义倾向的迅速全球化密切相关，只有通过一种从属的简化论主张才能使其成为可能。这种主张排斥了所有包括道德在内的价值观。"② 他还揭示出，在资本主义社会，金钱成为真正的共同体，人们将被迫把地球上的土地、河流等自然资源以及自身的劳动力都作为单纯的商品，并加以开发利用。很显然，这是一种更高的不道德。这种更高的不道德带来了财富崇拜，却对其造成的贫穷和环境破坏置若罔闻。

① FOSTER J B. It is not a postcapitalist word, nor is it a post— Marxist one [J]. Monthly review, 2002, 54 (5): 45.

② 福斯特. 生态危机与资本主义 [M]. 耿建新，宋兴无，译. 上海：上海译文出版社，2006.

福斯特指出，如果人类不直面这种更高的不道德，就不可能在地球保护方面取得任何持续性进展。他指出，必须建立新的生态道德，即人类必须重新学习在地球上居住。人类不是自然的征服者，而是它的普遍成员和公民。任何一种破坏环境并使几代人在他们与自然界的关系上更为贫困的制度，就是一种更高的不道德。"人类不拥有地球，我们只是使用地球。我们必须为未来几代人保护好地球，维护它的完整。我认为，这是关系到所有可持续问题的基本道德原则。"①

福斯特进一步指出，要解决资本主义社会在生态问题上的不道德行为，第一，要进行一场深刻的"道德革命"，这场革命"不仅针对单个的消费者、政治家和首席执行官们不负责任的行为和决策，而且针对资本主义制度本身的深层不道德"。要通过这样一场道德革命，改变我们目前的不道德行为。第二，要建立一种新的生态道德的社会。福斯特等认为："建立在合理的生态原则基础上的人道的、可持续的社会主义制度将把它与自己与地球的可持续发展紧密联系在一起。"② 在福斯特看来，这种生态道德社会，必须是一个"普遍自由"的社会，这种自由不能排斥其他生物体的充分发展，而且它还必须是一个生态与文化具有多样性的社会。这将是一个具有更完全、更普遍的自由的社会，因为它根植于公共道德并且与地球及其生活环境和谐一致③。显然，福斯特所提出的道德革命是一场全方位的社会革命，最终要实现的是人与自然真正和谐的生态可持续性发展的新型社会。

至此可以看出，福斯特的生态道德观就是强调适度，反对永无止境地追求更多。福斯特的生态道德观能够实现人与自然真正的和谐统一，它是可持续的，对我国生态文明建设具有重要的借鉴意义。

---

① 福斯特，瑟龙.马克思主义生态学与资本主义 [J].刘仁胜，译.当代世界与社会主义，2005（3）：155-158.

② MAGDOFF F, FOSTER J B, BUTTEL F H. Hugry for profit: the agribusiness threat to farmers, food, and the environment [M]. New York: Monthly Review Press, 2000.

③ 福斯特.生态危机与资本主义 [M].耿建新，宋兴无，译.上海：上海译文出版社，2006.

（二）福斯特的生态学马克思主义思想的局限性分析

1.“生态思想是马克思思想的主要内容”的认识具有偏颇性

福斯特从新的角度，经过几年的思考，得出自己关于马克思与生态学关系的最终结论：生态思想是马克思思想的主要内容。福斯特的这种观点遭到奥康纳阵营的反对。客观地讲，福斯特把生态思想作为马克思思想的主要内容是具有偏颇性的。

首先，这种思想否认了马克思主义关于资本主义经济危机的思想在当代的适用性。福斯特从生态危机这一独特的视角来分析和揭露当代资本主义的弊端，他认为资本主义的发展变化已经使马克思关于经济危机的思想丧失效用，今天世界危机的形式已转移到生态领域，即生态危机取代了经济危机。他把当代社会的生态问题看得高于一切，并认为生态思想是马克思的主要思想，这是错误的。众所周知，虽然当代资本主义世界出现了诸多新情况，但经济危机依然存在而且非常重要，我们不能因当前生态问题的严重性而否认经济危机在现实中的存在。因为从根本上说，生态危机实际上只是经济危机的孕育物而已。

其次，福斯特的思想否认了资本主义的基本矛盾和主要矛盾。福斯特认为，人与自然的矛盾是资本主义的主要矛盾。但任何社会的主要矛盾都是由该社会的根本性质所决定的，当代资本主义社会的根本制度仍然是资本主义私有制，因此资本主义社会的基本矛盾仍是生产社会化与资本主义生产资料私有制之间的矛盾。福斯特盲目提高了资本主义社会中人与自然矛盾的地位，很显然，这是不恰当的。

最后，这种思想脱离了马克思所处时代生态学发展的现实。任何思想都是立足于时代的，马克思生活于19世纪，在他那个时代，生态学作为一门独立学科，尚未完全建立。马克思的思想中包括丰富的生态思想，但当时的生态思想往往是寓于政治、经济、文化思想之中的。当时生态学只是作为概念被德国动物学家 E·海克尔提出。“生态思想是马克思思想的主要内容”这一认识，放在时代背景下来看无疑也是不妥当的。

2. 生态社会主义的构想具有乌托邦性质

首先，在实现生态社会主义革命的领导力量和主体力量方面，福斯特仍然坚持认为传统社会主义思想中阶级斗争的思想具有重要性，认为工人阶级在当代的环境运动中仍占据主导地位，是领导力量和主体力量，并认为应建立广泛的劳工-环保联盟。然而事实证明，生态运动与工人运动的结合并不是一帆风顺的，两种运动的参与者对自己在整个社会进步主义政治中的地位和作用的认识都经历了一个曲折的过程。许多绿党及生态运动参与者排斥社会主义的任何形式的渗透。20世纪90年代后，西欧"红""绿"两大政治力量开始结成联盟，并取得胜利，这意味着福斯特的生态学马克思主义在实践中有了重大突破。但从全球范围看，目前要想让工人阶级担当起这个重任是很困难的。

其次，在实现生态社会主义革命的路径问题上，福斯特指出：从经济上应该使自然和生产社会化，从政治上彻底改造资本主义社会和权力结构。但从当今的现实来看，这具有浓厚的浪漫主义色彩。在福斯特看来，要建成生态社会主义，不仅要摒弃资本主义的积累方式，还必须改变国家与资本的合作关系，由一种崭新的民主化的政治权力与民众权利之间的合作关系来替代①。福斯特坚持认为，打破国家与资本主义的伙伴关系，是生态社会主义革命的一部分。但从现实来看，国家与资本经常是结合在一起的。20世纪70年代以来，围绕着国家与资本的关系问题，西方马克思主义者开始尝试将国家批判思想和新的思想相结合。但要想彻底改变资本主义社会的权力结构，毋庸置疑，目前是很困难的。

由此来看，福斯特对生态社会的种种构想尽管拓宽了人们的思路，但这种构想至今仍停留在理论上，很难付诸实践。显然，福斯特的生态学马克思主义在对生态社会主义的设计和路径的选择上，仍不可避免地带有乌托邦色彩。

---

① 福斯特.生态危机与资本主义 [M].耿建新，宋兴无，译.上海：上海译文出版社，2006.

（三）福斯特主张中国创建属于自己的生态文明

资本主义市场经济模式是消费异化的客观原因。因为市场经济的本质是交换，交换价值占有重要地位，而交换中的一般等价物就是货币，因此金钱至上、货币万能的观念在市场经济中易于被"发扬光大"。然而，市场经济并不必然带来消费异化，消费异化还与社会制度有重大联系。资本主义生产资料私有制决定了资本主义在消费异化方面走得更远。马克思指出，资本主义基本矛盾在消费领域表现为生产无限扩大的趋势与劳动人民购买力相对缩小之间的矛盾。因为企业的生产行为不受政府宏观调节，完全是生产者的自我选择行为，而生产者的选择本身对应于消费者的无限欲望。

社会主义市场经济体制具有实施生态本位理念的制度优势。不同于资本主义生产资料私有制，社会主义生产是在政府宏观调控下、以公众整体利益为核心的生产，政策法规、行政命令、公众监督等使得社会主义生产者与公众利益更趋一致。生产者的环境责任意识更强、政府的外在约束和监管更为严厉、有效，环境污染的外在成本在一定程度上被内在化，并被用来衡量生产者履行社会责任的程度。

福斯特作为生态学马克思主义的集大成者，在《马克思的生态学》一书中，创新性地提出了"马克思的生态学"概念，开启了马克思生态思想研究的全新局面①。他认为，马克思关于城乡之间、人类和自然之间新陈代谢断裂的概念，启发了当今的生态学思想，第一次确立了马克思生态思想的精华——新陈代谢断裂理论；随后在分析人—自然—社会新陈代谢的过程中，已经接近于提出可持续发展的生态理念。国内学者夏劲、秦士栋认为，解读马克思和福斯特对"物质变换裂缝"概念的建构，对我国的生态文明建设具有现实意义②。

---

① 刘仁胜. 约翰·福斯特对马克思生态学的阐释 [J]. 石油大学学报（社会科学版），2004，20（1）：57-60.

② 夏劲，秦士栋. 福斯特对物质变换裂缝理论的建构及其对我国生态文明建设的启示 [J]. 自然辩证法研究，2014，30（1）：112-116.

福斯特认为，中国正在开创性地建设一种崭新的生态文明，且中国摒弃了西方国家以资本为中心的政权模式①。从 2007 年生态文明建设被正式提出，到 2012 年被写入《中国共产党章程》，中国在生态建设方面取得了巨大的进步。一种节约能源和资源、保护生态环境的崭新产业结构、经济增长方式和消费模式正逐步形成。从政府主动调低经济增长目标、设置耕地红线、实施节能减排、履行环境保护的国际承诺等一系列措施来看，中国倡导的生态文明建设具有西方式生态现代主义不可比拟的诸多优势。

①　福斯特. 中国创建属于自己的生态文明 [N]. 人民日报，2015-06-11（3）.

第二章 国内外文献综述及研究述评

第一节 国内外文献综述

一、国内外对人与自然关系的概括

（一）西方哲学家理解的人与自然

梭罗认为："有意识和无意识的生命均是美好的，且两者的美好并不是相互排斥的，因为它们来自同一渊源。"[①] 施伟泽指出："如果我们摆脱自己的偏见，抛弃我们对其他生命的疏远性，和我们周围的生命休戚与共，那么我们就是道德的。只有这样，我们才能成为真正的人。"[②] 他倡导生命伦理学，奉行生物平等主义。罗尔斯顿强调人是自然的道德代理人，在人能够尊重自然这一道德顾客的前提下，自然的内在性价值就应运而生了[③]。

1933 年美国哲学家利奥波德首次提出"大地共同体"，该概念"只是扩大了这个共同体的界限，它包括土壤、水、植物和动物，或者是它们的概括：大地"[④]。1949 年利奥波德发表的《沙乡年鉴》标志着大地伦理学

[①] LOWELL J R. A week on the concord and merrimack rivers [J]. Massachusetts quarterly reviews，1849（111）：20—60.

[②] 施伟泽. 敬畏生命 [M]. 陈泽环，译. 上海：上海社会科学院出版社，2003.

[③] 孙爱真. 消费异化回归生态本位的逻辑解读 [J]. 自然辩证法研究，2016，32（12）：95—99.

[④] LEOPALD A. A sand country almanac [M]. Oxford：Oxford University Press，1949.

的诞生①。在人与自然的主导地位方面，法兰克福学派威廉·莱斯在《自然的控制》中认为，"控制自然"已经成为一种普遍的社会意识②。

（二）中国传统文化中的人与自然

乔清举认为，儒家哲学本质上是生态哲学。"究天人之际"是儒家哲学甚至整个中国哲学的内容，追求"天人合一"就是要实现人化自然和自然化人③。儒家的某些观点，如"仁，爱人以及物"④，"德至矣，及禽兽"⑤，都充分表明先贤们已经对自然界存在的生物赋予了与人同等重要的地位。《道德经》提出"道生一、一生二、二生三、三生万物"。《淮南子》提出"天人同构、自我实现"的主张，建构了以"五行""五方""五帝""五佐""五星"等13个要素为内容的天地人一体化系统，推导出"从本我到社会的我、生态的我"的自我实现过程⑥。王夫之提出"万物一源""延天祐人""正己临物"的理念，力图达到"以人合天"的生态境界⑦。此外，柳宗元提出"万化冥合"的天人合一观，认为自然不仅是外在存在物，还能与人的内心产生共鸣，即"昏然而同归"于大生命体中⑧。《国语》中对于天人关系，强调"人事必将与天地相参"⑨。

（三）马克思视域下的人与自然

部分西方学者认为，马克思的思想中没有生态哲学的思想⑩。事实上，不同于传统哲学的主客二分法，在人与自然的关系方面，马克思批判和继承了黑格尔和费尔巴哈的观点，将主客体的关系理解为以实践为基础的对

---

① 利奥波德. 沙乡年鉴 [M]. 侯文蕙，译. 长春：吉林人民出版社，1997.
② 莱斯. 自然的控制 [M]. 岳长龄，李建华，译. 重庆：重庆出版社，1993.
③ 乔清举. "儒家生态哲学"笔谈 [J]. 中共中央党校学报，2018，22（2）：62-67.
④ 郑玄，贾公彦. 周礼注疏//十三经注疏：上 [M]. 北京：中华书局，1980：707.
⑤ 司马迁. 史记：第一册 [M]. 北京：中华书局，1982.
⑥ 夏文利.《淮南子》与深层生态学的比较研究 [J]. 自然辩证法研究，2017，33（2）：93-97.
⑦ 张枫林. 王夫之生态哲学思想体系的阐释 [J]. 自然辩证法研究，2018，34（11）：98-102.
⑧ 柳宗元. 柳宗元集 [M]. 北京：中华书局，1979.
⑨ 徐元诰. 国语集解 [M]. 北京：中华书局，2002.
⑩ 克拉克. 马克思关于"自然是人的无机的身体"之命题 [J]. 黄炎平，译. 哲学译丛，1998（4）：53-62.

象性关系，是基于实践的对象化或对象性的统一①。马克思指出，人们正是通过自己同对象的关系实施对对象的占有。

马克思探讨了生态环境遭到破坏的根源，在《1844 年经济学哲学手稿》中他分析了生产异化的四种表现：一是劳动者与劳动本身的异化，二是劳动者与自己的劳动产品相异化，三是劳动者同自己的类本质相异化，四是人与人关系的异化②。这些论述直指资本主义生产方式的弊端。马克思还指出："人同自然界的关系直接就是人和人之间的关系，而人和人之间的关系直接就是人同自然界的关系。"③ 这一论述体现了生产力与生产关系的辩证统一，有什么样的社会形态就有什么样的人与自然的关系，反之亦然。而社会形态，在马克思看来又表现为三种：人的依赖性社会、物的依赖性社会、个人全面发展的社会。三种形态也可表示为自然的共同体、经济的结合体、自由人联合体。显然，人与自然的关系较为和谐的是个人全面发展的社会，即以自由人联合体为特征的共产主义社会。

二、国内外生态经济的研究现状

（一）生态经济学发展脉络

国外方面，1966 年，Kenneth Boulding 在论文《一门新的学科——生态经济学》中首次使用"生态经济学"④ 一词；之后，戴利等提出稳态经济的思想⑤；1988 年国际生态经济学会创立；1989 年《生态经济学》杂志创立，生态经济学正式启航。这一时期西方社会的环境污染问题催生了上述研究及学会等。

国内方面，许涤新早在 1980 年就提出"要研究我国的生态经济问题，逐步建立我国生态经济学"的倡议；1984 年我国生态经济学会成立，马世

---

① 陈凌霄. 马克思自然观中的生态哲学思想 [J]. 自然辩证法研究，2016, 32 (10)：110-115.

② 马克思. 1844 年经济学哲学手稿 [M]. 北京：人民出版社，2002.

③ 马克思，恩格斯. 马克思恩格斯全集：第四十二卷 [M]. 北京：人民出版社，1979.

④ 唐建荣. 生态经济学 [M]. 北京：化学工业出版社，2005.

⑤ 戴利，法利. 生态经济学：原理与应用 [M]. 金志农，陈美球，蔡海生，等译. 2 版. 北京：中国人民大学出版社，2014.

骏、马传栋、姜学民也提出"生态经济学"相关概念。许涤新出版《生态经济学》一书，标志着我国生态经济学的诞生①。王如松的《城市生态调控原则与方法》（1988年）、刘思华的《理论生态经济学若干问题研究》（1989年）、王松霈的《走向21世纪的生态经济管理》（1997年），标志着学科理论体系的初步形成。可以看出，这一时期我国工业化刚刚起步，环境污染问题虽然并不严重，但学术界研究的前瞻性很强。进入21世纪，学者将生态经济的研究置于生态文明的框架之中，夏光指出，生态文明本质是一种环境伦理观②。张明国指出，生态文明的本质在于传承工业技术及其文明③。当前，环境保护的任务异常严峻，经济发展与环境保护的联合优化、生态文明的具体内涵是学术研究的焦点。

（二）生态与经济二元关系的相关研究

1. 从经济到生态

1934年北美黑风暴和20世纪30—60年代"八大公害事件"，表明世界生态环境开始恶化。1962年卡森在《寂静的春天》中描绘了受污染影响的病态社会，1972年罗马俱乐部发表了《增长的极限》。Frosch和Gallopoulos在《可持续工业发展战略》中，提出了"产业生态学"概念④。1995年Graedel和Allenby出版了《产业生态学》一书，1997年耶鲁大学和MIT（麻省理工学院）创办了《产业生态学杂志》。得到公认的是，2000年国际产业生态学学会成立，标志着产业生态化研究启航。Woerqi分析了德国环境产业的生产、投资、营业额、厂商的集中与竞争程度。仲上键一提出发展环境产业的动力是实施彻底的环境管制。Srivastava提出环境供应链管理的概念⑤。Tao等、Hua等⑥分别基于单目标、双目标，在EOQ

① 许涤新. 生态经济学 [M]. 杭州：浙江人民出版社，1987.

② 夏光. 生态文明是一个重要的治国理念 [J]. 环境保护，2007（21）：35-36.

③ 张明国. 技术哲学视阈中的生态文明 [J]. 自然辩证法研究，2008，24（10）：40-45.

④ FROSCH R A, GALLOPOULOS N. Strategies for manufacturing [J]. Scientific American, 1989, 261 (3): 144-152.

⑤ SRIVASTAVA S. Green supply-chain management: a state-of-the-art literature review [J]. International journal of management review, 2007, 9 (1): 53-80.

⑥ HUA G W, CHENG T C E, WANG S Y. Managing carbon footprints in inventory management [J]. International journal of production economics, 2011, 132 (2): 178-185.

（经济订货批量）中加入绿色成本进行产量决策。实践中，丹麦 Kalunborg 生态产业园模式受到世界推崇。可以看出，2000 年以来的研究已经进入中观经济学和微观经济学的范畴，以行业和企业为研究对象。

国内学者马世骏和王如松研究复合生态系统[1]，刘则渊等提出"产业生态化"[2]。王如松和杨建新、黄志斌、厉无畏界定了产业生态化的概念、特点等，尹琦、肖正扬提出"生态产业链"概念，袁增伟、沈满洪、邓伟根、石磊等对相关问题进行了探讨。目前，相关研究主要集中在碳排放、循环经济、节能环保等领域，研究已日趋成熟。

2. 从生态到经济

国外学者 Tansley 于 1934 年提出"生态系统"一词。Hannaon、Costanza 把投入产出模型引入生态系统研究。Wackernagel 和 Rees 用生态足迹进行自然资产评估。Costanza 等将生物圈分为 16 种类型、生态系统服务功能分为 17 个指标，进行生态价值定量测算[3]。1989 年 Daly 提出 ISEW（可持续经济福利指数），以弥补 GNP（国民生产总值）核算的缺陷。1997 年签署的《京都议定书》提出了限制二氧化碳排放量的问题，后来发展出"森林碳汇"的方式。这些研究主要表现为生态资源的价值核算、生态系统功能等，属于宏观范畴。

国内学者赵林飞、石建平、伍琴、李云燕等探讨了产业生态经济系统的特征和内涵。杨桂华从双向责任角度、彭莉从 4Ps 营销理论，分析了生态旅游产品的营销设计。杨志峰将生态服务纳入总供给和总需求模型。黎元生探索了生态产业化经营与生态产品价值实现路径[4]。可以看出，生态产业化研究仍处于初级阶段，国内的相关研究多属于中观和微观范畴。

---

① 马世骏，王如松. 社会—经济—自然复合生态系统 [J]. 生态学报，1984，4（1）：1-9.

② 刘则渊，代锦. 产业生态化与我国经济的可持续发展道路 [J]. 自然辩证法研究，1994，10（12）：38-42.

③ COSTANZA R，ARGE R，GROOT R，et al. The value of the world's ecosystem services and natural capital [J]. Nature，1997，387：253.

④ 黎元生. 生态产业化经营与生态产品价值实现 [J]. 中国特色社会主义研究，2018（4）：84-90.

（三）生态经济体系的前期研究

1. 产业与生态的关系

徐静等指出，生态产业化与产业生态化具有协同性，二者目标一致[1]。张云、赵一强认为，生态产业化与产业生态化共同构成生态产业的形成路径[2]。陈长研究了生态产业化对经济的贡献程度、产业生态化正外部性效应下的生态产业链条形成和壮大过程[3]。陈洪波给出了"两化"融合的成功案例——赤水模式[4]。李星林、罗胤晨、文传浩提出从产业存量、增量、流量、变量"四量"角度推动产业生态化发展，从行动举措、发展主体、推进模式等角度推进生态产业化，实现"两化"可持续发展[5]。

2. 生态经济体系的结构

在内涵方面，早期文献多是从生态经济学的角度进行研究，习近平总书记提出"生态经济体系"概念以后，诸多学者尝试对生态经济体系的内涵进行重新界定。陈洪波给出了生态经济体系较为全面的定义，即一个遵循生态学规律和经济规律，在不影响生态系统稳定性的前提下保持较高的经济增长水平，以满足人民日益增长的美好生活需要的经济体系[6]。文传浩、李春艳将生态经济体系拓展为现代化生态经济体系，即将适应高速增长的传统生态经济体系转换为适应高质量发展的现代化生态经济体系[7]。

在结构方面，陶表红、焦庚英指出，生态经济体系分为生态经济产业体系和区域生态经济体系，前者包括生态工业经济体系、生态农业经济体

① 徐静，俞晓敏，张桔，等.生态产业化与产业生态化协同发展："山江湖"综合开发背景下的南昌产业发展新思路［J］.中共南昌市委党校学报，2010，8（5）：48-52.

② 张云，赵一强.环首都经济圈生态产业化的路径选择［J］.生态经济，2012（4）：118-121.

③ 陈长.论贵州协同推进生态产业化与产业生态化［J］.贵州省党校学报，2018（6）：123-128.

④ 陈洪波."产业生态化和生态产业化"的逻辑内涵与实现途径［J］.生态经济，2018，34（10）：209-220.

⑤ 李星林，罗胤晨，文传浩.产业生态化和生态产业化发展：推进理路及实现路径［J］.改革与战略，2020，36（2）：95-104.

⑥ 陈洪波.构建生态经济体系的理论认知与实践路径［J］.中国特色社会主义研究，2019（4）：55-62.

⑦ 文传浩，李春艳.论中国现代化生态经济体系：框架、特征、运行与学术话语［J］.西部论坛，2020，30（3）：1-14.

系、第三产业生态化经济体系，后者包括山地生态经济体系、湖泊生态经济体系、森林生态经济体系、草原生态经济体系、沙漠生态经济体系、湿地生态经济体系等[①]。许新桥把生态经济体系划分为生态经济产业体系、生态经济支撑评价体系两个部分。前者包括基础生态经济体系、现代生物产业体系、生态工业体系、现代化第三产业经济体系，后者包括现代科技支撑体系、绿色 GDP 核算评价体系等[②]。

三、研究趋势

可以看出，面对经济发展与生态环境保护之间的矛盾，西方社会所推崇的靠优化技术手段来解决问题的方式，已经不能有效化解矛盾，我们必须采用新的研究范式。马克思主义唯物辩证法，把经济与环境看作二元对立统一关系，在社会实践中不断坚持发展真理，依靠动态过程创新性地化解矛盾。马克思主义的生态思想强调尊重自然、保护自然、顺应经济社会发展规律，不是封闭地解决矛盾，而是在发展中、实践中动态地协调，从而实现经济发展与生态环境保护的有机统一。

因此，我们要从马克思主义的生态思想中窥视其真理性价值，并结合中国经济社会发展实际，在把握规律、总结经验的基础上，本着客观原则，探索马克思主义中国化在生态领域的最新成果，循序渐进地走出一条经济高质量发展与生态高质量保护相协调的美丽中国建设之路，为早日实现中华民族伟大复兴中国梦奠定基础。

第二节　现有研究述评

前述研究表明，生态经济已属于国际国内的前沿话题。但前述研究大多并未系统化，没有建立生态经济理论体系的完整框架，没有用系统思想

---

① 陶表红，焦庚英. 江西生态经济体系的构建分析 [J]. 求实，2010（1）：56-59.
② 许新桥. 生态经济理论阐述及其内涵、体系创新研究 [J]. 林业经济，2014（8）：48-51.

提炼生态经济体系的全貌。有的研究偏重宏观范畴——生态系统与经济系统，有的研究偏重中观和微观范畴——产业和企业。

任何研究都要有一定的地域性，体现不同区域的意识形态特征。但前述研究并没有涉及新时代我国社会主要矛盾的变化。20 世纪中期以来，全球生态困境加剧，而新时代我国社会主要矛盾也发生了变化，时代要求我们回答生态经济的系统性重大问题。基于经济发展与环境保护的二元困境，习近平总书记指出，要构建以产业生态化和生态产业化为主体的生态经济体系，促进一、二、三产业融合发展，让生态优势变成经济优势。本书立足于上述内容，力求探索习近平总书记提出的生态经济体系的完整架构。

第三章 中国经济发展与生态环境保护现状

第一节 中国经济发展一枝独秀

一、中国经济发展的基本脉络

40多年来中国经济的发展离不开改革开放。事实上，如果把"改革"和"开放"两个词语进行组合，结合对内与对外两个方向，我国改革开放可以分为对内改革、对外开放、对内开放、对外改革。

1978年的政策主要以对内改革为主，辅以对外开放，侧重于对内改革的制度性建设；1992年随着社会主义市场经济体制的建立，我国开启了对外开放的制度性建设；2001年加入WTO标志着我国对外开放达到新高度；2005年以后我国开启了对内开放的进程；2013年共建"一带一路"倡议的实施标志着我国和平的对外改革政策落地，我国主动带领其他经济体共求发展红利；2020年推动高水平对外开放标志着我国进入了深化改革开放、促进高质量发展的新循环。

（一）1978年实行改革开放的基本国策

1978年12月18日—22日，中国共产党第十一届中央委员会第三次全体会议在北京举行。全会冲破长期"左"的错误的严重束缚，彻底否定"两个凡是"的错误方针，高度评价关于真理标准问题的讨论，重新确立了党的实事求是的思想路线。全会否定了"以阶级斗争为纲"的错误理论和实践，决定将全党的工作重点和全国人民的注意力转移到社会主义现代化建设上来，提出了改革开放的任务。全会指出，实现四个现代化是一场广泛、深刻的革命，要采取一系列新的重大的经济措施，对经济管理体制和经营管理方法进行认真改革，在自力更生的基础上积极发展同世界各国平等互利的经济合作。全会强调要充分发扬民主，健全党的民主集中制，健全党规党纪，正确认识毛泽东同志的历史地位和毛泽东思想的科学体系。

正如吴敬琏先生在《当代中国经济改革》一书中所指出的："当时，主要把精力放到非国有经济方面，寻找新的生长点，我们把这种战略叫作增量改革。中国经济在往后一二十年所取得的成就，在很大程度上与这一新的改革战略有关。"经济学家马洪在1979年9月的一篇论文中指出，"改革经济管理体制要从扩大企业自主权入手"[①]。随后，四川于当年10月开始选择6个国有工厂进行扩大企业自主权的试点，取得了明显成效。同时推进的还有农村的经济改革，短短几年已从民间探索推进到政府决策层面。1978年11月24日晚上，安徽省滁州市凤阳县小岗村18户村民按下红手印，签下一份大包干的"生死契约"，成为中国改革开放的一声春雷。1980年9月中共中央决定允许农民自愿实行家庭承包制度。1982年1月1日，中国共产党历史上第一个关于农村工作的一号文件正式出台，明确指出包产到户、包干到户都是社会主义集体经济的生产责任制。其后几年的一号文件均充分肯定了家庭联产承包责任制[②]。

同时，一种新的制度设计——双轨制出现了。1979年国务院颁发的《关于扩大国营工业企业经营管理自主权的若干规定》，允许企业自销超计划产品，从此开辟了物资流通的第二条轨道——市场轨道。1985年1月，国家物价局和国家物资局发布的《关于放开工业生产资料超产自销产品价

---

① 马洪. 改革经济管理体制与扩大企业自主权 [M] // 马洪. 马洪集. 北京：中国社会科学出版社，2000：228-245.

② 【教育整顿学习——新中国史】中国农民的伟大创造（三十二）[EB/OL]. (2021-05-11) [2021-07-16]. https://www.thepaper.cn/newsDetail_forward_12629482.

格的通知》，允许企业按市场价出售和购买"计划外"的产品，从此生产资料供应和定价也走向第二条轨道。至此，"双轨制"正式形成，成为增量改革的有效模式[①]。

伴随着对内改革释放的政策红利，我国也开启了对外开放的征程。1979年，中央政府决定对广东、福建实行"特殊政策、灵活措施"，以发挥两地与港澳台地理相近、联系紧密的优势。1980年国家建立了深圳、珠海、汕头、厦门四个经济特区。1984年5月，中共中央和国务院决定，进一步开放天津、上海、大连、秦皇岛、烟台、青岛、连云港、南通、宁波、温州、福州、广州、湛江和北海14个沿海港口城市。另外加上营口市（1985）、威海市（1988），这些城市被统称为首批沿海开放城市[②]。1984年5月4日，中共中央、国务院批转《沿海部分城市座谈会纪要》，并发出通知指出：沿海开放城市的建设，主要靠政策，一是给前来投资和提供先进技术的外商以优惠待遇，二是扩大这些城市的自主权，让他们有充分的活力去开展对外经济活动。

（二）1992年建立社会主义市场经济体制

随着城市以扩大企业自主权、农村以家庭联产承包责任制为主要内容的增量改革的持续推进，思想认识和体制层面的困难凸显了出来。在20世纪80年代末至90年代初的舆论环境中，"以计划经济为主"的主张占了上风，从而导致了否定"社会主义经济是商品经济"思潮的涌现，党的十二大报告最终确定"贯彻计划经济为主、市场调节为辅的原则，是经济体制改革中的一个根本问题"[③]。随后几年，"双轨制"的出现为缓和计划经济与市场调节的争论起到了一定的作用，但没有解决人们思想认识中的根本问题，即市场是什么，计划是什么，二者的关系是什么，二者与社会制度的关系是什么。

1992年1月18日—2月21日，当时已正式告别中央领导岗位的改革

---

① 吴敬琏.当代中国经济改革［M］.上海：上海远东出版社，2003.
② 曹普.谷牧与1978—1988年的中国对外开放［J］.百年潮，2001（11）：4-18.
③ 吴敬琏.当代中国经济改革［M］.上海：上海远东出版社，2003.

开放的总设计师邓小平同志，以普通党员的身份，凭着对党和人民伟大事业的深切期待，先后赴武昌、深圳、珠海和上海视察，沿途发表了重要谈话。3月26日，《深圳特区报》头版头条刊登了《东方风来满眼春——邓小平同志在深圳纪实》一文，集中阐述了邓小平同志南方谈话的要点。南方谈话是把改革开放和现代化建设推向新阶段的又一个解放思想、实事求是的宣言书，不仅对即将召开的党的十四大具有十分重要的指导作用，而且对中国整个社会主义现代化建设事业具有重大而深远的意义①。

"南方谈话"的内涵主要包括五个方面：第一，要坚持党的十一届三中全会以来的路线方针政策，坚持"一个中心、两个基本点"不动摇；第二，强调了社会主义的本质是解放生产力，发展生产力，消灭剥削，消除两极分化，最终达到共同富裕；第三，面对"姓社"与"姓资"问题，给出了"三个有利于"的判断标准；第四，鲜明指出计划经济不等于社会主义，市场经济不等于资本主义，为社会主义市场经济的提出奠定了思想基础；第五，强调发展是硬道理，科学技术是第一生产力，要提升综合国力。随后，1992年10月召开的党的十四大，正式确立了建立社会主义市场经济体制的改革目标。

在众多改革方案中，财政体制中的分税制改革最为紧迫。1992年中央财政收入为979亿元，仅占全国财政收入的28%，中央财政多次向地方借钱。1993年4月，中央政治局常委会决定由朱镕基同志负责财税改革等几项重大改革方案的领导工作。财税改革的思路是实行分税制，按税种划分收入，明确中央收哪几种税，地方收哪几种税，哪几种税由中央、地方共享。分税制是市场经济国家普遍实行的一种财政体制，是符合市场经济原则和公共财政理论要求的，是市场经济国家运用财政手段对经济实行宏观调控较为成功的做法。

1993年11月，党的十四届三中全会通过了《中共中央关于建立社会主义市场经济体制若干问题的决定》，明确提出建立"产权清晰、权责明确、政企分开、管理科学"的现代企业制度，以适应市场经济发展要求。

---

① 中国共产党简史编写组. 中国共产党简史 [M]. 北京：人民出版社，2021.

1994 年林毅夫、张维迎等人携手创办北京大学中国经济研究中心。围绕国有企业竞争力提升，学术界提出了两种观点：一是林毅夫的社会责任论，认为国有企业承担了过多的社会责任如兴办学校、医院等，从而影响了主业，削弱了核心竞争力；二是张维迎提出的委托代理问题，认为国有企业委托人和代理人身份重叠，容易产生产权不够清晰、逆向选择、道德风险等问题。

1998—2000 年，中央政府制定了国有企业改革和脱困的三年目标，旨在使大多数国有大中型亏损企业摆脱困境。具体改革措施包括：在大多数国有大中型骨干企业初步建立现代企业制度，积极推行股份制改革，完善法人治理结构，鼓励符合条件的国有大型企业改制上市；建立企业优胜劣汰的机制；支持具有优势的大公司、大企业集团进一步做大做强，使他们成为国民经济的重要支柱和参与国际竞争的主要力量；结合国有商业银行集中处理不良资产的改革，成立四家金融资产管理公司，确定对符合条件的 580 户国有大中型企业实施债权转股权，降低了资产负债率；对于严重困难、难以通过重组上市扭亏为盈的企业，较为典型的做法是管理层收购（management buy-outs，MBO），效果明显。

（三）2001 年加入世界贸易组织

1. 15 年的等待

中国入世谈判是一次艰难的较量，在世界谈判史上也十分罕见，经历了 15 年三个阶段：第一阶段是 20 世纪 80 年代初到 1986 年 7 月，主要是酝酿、准备复关事宜；第二阶段是 1987 年 2 月到 1992 年 9 月底，主要是审议中国经贸体制，中方要回答的中心题目是到底要搞市场经济还是计划经济；第三阶段是 1992 年 10 月到 2001 年 9 月，进入实质性谈判，即双边市场准入谈判和围绕起草中国加入世界贸易组织法律文件的多边谈判。

15 年中，中美谈判进行了 25 轮，中欧谈判进行了 15 轮。双边谈判的核心问题是确保中国以发展中国家地位加入，多边谈判的核心问题是确保权利与义务的平衡，具体内容包括关税、非关税措施、农业、知识产权、服务业开放等一系列问题，其中农业和服务业是导致谈判双方相持不下的难点。经过艰苦谈判，美欧发达国家同意"以灵活务实的态度解决中国的发展中国家地位问题"，中方最终与所有 WTO 成员就中国加入 WTO 后若干年市场开放的领域、时间和程度等达成了协议。中国对加入世界贸易组织做出了两项庄严承诺：遵守国际规则办事，逐步开放市场。

2. 正式成为 WTO 的一员

2001 年 11 月 11 日，在卡塔尔首都多哈，中国签署了加入世界贸易组织的议定书，成为其第 143 个成员。加入世界贸易组织，是中国深度参与经济全球化的里程碑，标志着中国改革开放进入新阶段。加入世界贸易组织以来，中国积极践行自由贸易理念，全面履行加入承诺，大幅开放市场，实现更广泛的互利共赢，在对外开放中展现了大国担当。

2001 年加入世界贸易组织的中国，是恰逢其时地出现在全球化最重要的那个位置上，促进了全球化的繁荣发展。中国的对外贸易，2001—2010年货物出口年均增长 22%，规模扩大 4.9 倍，占世界出口中的比重由4.3%提高到 10.4%，从世界第 6 位上升到第 1 位。中国实际利用外资稳居发展中国家之首，2010 年突破 1 000 亿美元。2001—2010 年，国内全社会消费品零售总额由 37 595 亿元扩大到 154 554 亿元。2001 年中国境内企业入选世界 500 强企业的仅有 11 家，2011 年已经有 61 家。同时，"走出去"步伐加快，截至 2010 年末，我国对外直接投资存量超过 3 000 亿美元。对外开放拉动了国民经济持续快速增长，我国国内生产总值从 2001 年的 11万亿元增至 2010 年的 40 万亿元，年均增长超过 10%，世界排名升至第2 位，综合国力显著提升。社会主义市场经济不断深化，国家要开放市场，企业要参与竞争，政府要改进管理，我国建立起与世贸组织规则相一致的涉外经贸管理体制，基本建成一套较为完善的适应社会主义市场经济的法律体系①。

（四）2013 年提出共建"一带一路"倡议

2013 年 9 月和 10 月，国家主席习近平分别提出建设"丝绸之路经济带"和"21 世纪海上丝绸之路"的合作倡议，即共建"一带一路"倡议。

---

① 石广生. 中国加入世界贸易组织十年回顾与展望 [J]. 百年潮，2012（1）：52-57.

截至 2023 年 6 月底，中国与 150 多个国家、30 多个国际组织签署了 230 多份共建"一带一路"合作文件。

共建"一带一路"倡议诞生的背景主要有两个：一是国内因素，主要表现为我国油气资源、矿产资源对国外的依存度高；工业和基础设施集中于沿海，如果遇到外部打击，容易失去核心设施；边境地区整体状况处于历史最好时期，邻国与中国加强合作的意愿普遍上升。二是国际因素，主要表现为 TPP（跨太平洋伙伴关系协定）的影响。从短期看，该协定对中国的对外贸易形成某种程度的冲击；但从长期看，在经济全球化的大背景下，任何一个多边贸易安排都无法将非协定国家和地区排除于国际贸易体系之外，否则其自身发展将大为受限。

共建"一带一路"倡议以"六廊六路多国多港"为基本架构，加快推进多层次、复合型基础设施网络建设，基本形成"陆海天网"四位一体的互联互通格局，为促进经贸和产能合作、加强文化交流和人员往来奠定了坚实基础。2013—2022 年，中国与共建"一带一路"国家进出口总额累计19.1 万亿美元，年均增长 6.4%。截至 2023 年 8 月底，80 多个国家和国际组织参与中国发布的《推进"一带一路"贸易畅通合作倡议》，中国与 28 个国家和地区签署了 21 个自贸协定。截至 2023 年 6 月底，中国已与巴基斯坦、俄罗斯、希腊、埃塞俄比亚、哥斯达黎加等 65 个国家标准化机构以及国际和区域组织签署了 107 份标准化合作文件，促进了民用航空、气候变化、农业食品、建材、电动汽车、油气管道、物流、小水电、海洋和测绘等多领域标准的国际合作①。

（五）2020 年推动高水平对外开放

实行高水平对外开放是党的十九届五中全会提出的，"实行高水平对外开放，开拓合作共赢新局面""坚持实施更大范围、更宽领域、更深层次

---

① 中华人民共和国国务院新闻办公室. 共建"一带一路"：构建人类命运共同体的重大实践 [EB/OL]. (2023-10-10) [2023-10-22]. https://www.gov.cn/zhengce/202310/content_6907994.htm.

对外开放，依托我国大市场优势，促进国际合作，实现互利共赢"。2020年的政府工作报告强调指出：推进更高水平对外开放，稳住外贸外资基本盘。面对外部环境变化，要坚定不移扩大对外开放，稳定产业链供应链，以开放促改革促发展。

习近平总书记在党的二十大报告中强调："推进高水平对外开放。依托我国超大规模市场优势，以国内大循环吸引全球资源要素，增强国内国际两个市场两种资源联动效应，提升贸易投资合作质量和水平。"① 这一重要论述，为新时代新征程进一步推进高水平对外开放指明了前进方向。习近平总书记深刻指出："站在新的历史起点，中国开放的大门只会越开越大。"在新征程上，我们要坚定不移地推进高水平对外开放，不断开拓合作共赢新局面，奋力谱写全面建设社会主义现代化国家崭新篇章。

二、中国经济发展成就

改革开放以来，我国经济社会发展走过了40多年不平凡的光辉历程，取得了举世瞩目的历史性成就，实现了前所未有的历史性变革②。

（一）经济发展跃上新台阶

40多年来中国经济发生巨变。1978年，中国国内生产总值只有3 679亿元，1992年达到27 194.5亿元，2001年达到110 863.1亿元，2013年达到595 244亿元，2022年达到1 210 207.2亿元（见图3.1）。1978年，中国经济总量居世界第十一位，2010年超过日本，成为世界第二大经济体，综合国力和国际影响力实现历史性跨越。2013—2021年，我国对世界经济增长的平均贡献率超过30%，居世界第一，日益成为世界经济增长的动力之源、稳定之锚。

---

① 习近平.高举中国特色社会主义伟大旗帜 为全面建设社会主义现代化国家而团结奋斗：在中国共产党第二十次全国代表大会上的报告［M］.北京：人民出版社，2022.
② 李婕.国家统计局发布改革开放40年经济社会发展成就报告［N］.人民日报（海外版），2018-08-29（1）.

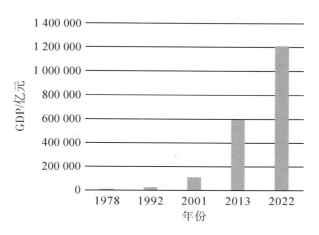

图 3.1 1978—2022 年部分年份中国 GDP 数据

改革开放以来，我国经济结构实现重大变革，发展的协调性和可持续性明显提高。1978 年第一产业增加值占 GDP 比重为 27.7%，2022 年这一比重下降到 7.3%。我国经济增长由主要依靠第二产业带动转向依靠三次产业共同带动。1978 年第一产业就业人员占比为 70.5%，2022 年这一比重下降到 24.1%。1978—2023 年，我国城镇人口从 17 245 万人增长到 93 267 万人，常住人口城镇化率从 17.92% 增长到 66.16%①。

改革开放以来，我国对外经济发展成绩斐然，全方位开放新格局逐步形成。改革开放初期，中国对外经济活动十分有限，1978 年货物进出口总额仅为 206 亿美元，位居世界第 29 位。2022 年，我国货物进出口总额达到 6.3 万亿美元，连续 6 年成为世界第一大货物贸易国。

（二）基础产业跨越式发展

改革开放以来，我国基础产业和基础设施实现跨越式发展，供给能力实现从短缺到充裕的巨大转变。统计显示，我国农业基础地位不断强化。2023 年，我国粮食总产量稳定在 1.3 万亿斤以上，比 1978 年翻一番还要多。近年来，我国谷物、肉类、花生、茶叶产量稳居世界第一位，油菜籽、甘蔗产量稳居世界第三位。

---

① 张红宇. 探索符合国情的城乡融合发展道路［N］. 经济日报，2024-02-01（10）.

改革开放以来，我国工业生产能力不断提升。以部分产业为例，清华大学国情研究院报告显示，2022 年，中国生产了全球 60% 的粗钢、58% 的铝、70% 的水泥和 31.8% 的汽车[①]。

改革开放以来，我国交通运输建设成效突出。以铁路为例，截至 2022 年末，全国铁路营业里程达到 15.5 万千米，其中高速铁路达到 4.2 万千米，占世界高铁总量 60% 以上。中国的高速铁路里程已经超过了全球其他所有国家的总和。

改革开放以来，我国邮电通信业快速发展。2022 年我国电话用户总数达到 18.63 亿户。其中，移动电话用户总数达 16.83 亿户，普及率为 119.2 部/百人；中国网络能力正在不断提升，移动宽带用户规模全球第一。

改革开放以来，我国科技创新成果大量涌现，发展新动能迅速壮大。载人航天、探月工程、量子科学、深海探测、超级计算、卫星导航、高铁、核电、特高压输变电等战略高技术领域取得重大原创性成果，高端装备大步走向世界。中国研发经费总量在 2013 年超过日本，成为仅次于美国的世界第二大研发经费投入国家。

（三）人民生活不断改善

改革开放以来，我国人民生活发生翻天覆地的巨大变化，占世界 1/5 的人口从温饱不足迈向全面小康。1978 年，全国居民人均可支配收入仅 171 元，2009 年突破万元大关，2023 年全国居民人均可支配收入已达 39 218 元。

1978—2023 年，全国就业人员从 40 152 万人增加到 74 041 万人。城镇登记失业率长期处于低位，城镇调查失业率低于全球平均水平。按照 2010 年标准，改革开放之初，全国有 7.7 亿农村贫困人口，贫困发生率高达 97.5%。习近平总书记在庆祝中国共产党成立 100 周年大会上的重要讲话中庄严宣告，"经过全党全国各族人民持续奋斗，我们实现了第一个百年奋斗目标，在中华大地上全面建成了小康社会，历史性地解决了绝对贫困

---

① 胡鞍钢，黄鑫.中国式现代化与绿色发展［J/OL］.北京工业大学学报（社会科学版），2024（3）：1-20［2024-03-28］.https://link.cnki.net/urlid/11.4558.G.20240319.1353.002.

问题"。脱贫攻坚力度之大、规模之广、成效之好、影响之深，举世罕见。

改革开放以来，我国社会事业繁荣发展，经济社会发展协调性全面提高。15 岁及以上人口平均受教育年限由 1982 年的 5.3 年提高到 2020 年的 9.91 年，2021 年劳动年龄人口平均受教育年限达到 10.9 年。我国高等教育向普及化阶段快速迈进。2022 年，我国高等教育毛入学率达到 59.6%，高于中高收入国家平均水平。

改革开放以来，我国公共卫生事业成就瞩目，"健康中国"建设稳步推进。居民预期寿命由 1981 年的 67.8 岁提高到 2022 年的 77.93 岁，孕产妇死亡率由 1990 年的 88.8/10 万下降至 2022 年的 15.7/10 万。

第二节　中国生态环境保护现状

一、中国高度重视生态环境保护

1949 年新中国成立时，中国的森林覆盖率只有 8.6%。以毛泽东同志为核心的党的第一代中央领导集体适时提出了"实行大地园林化"的建设目标，提出通过合理采伐采育相结合，农林牧相结合，节约利用林业资源，实现林业资源的综合利用。毛泽东同志指出："没有林也不成其为世界。"[1] 1956 年 3 月，毛泽东同志发出绿化祖国的伟大号召。1958 年 1 月 31 日，他在起草的《工作方法六十条（草案）》中指出："林业要计算覆盖面积，算出各省、各专区、各县的覆盖面积比例，作出森林覆盖面积规划。"[2]

20 世纪七八十年代，邓小平同志高度重视生态环境保护工作。20 世纪 70 年代初期，邓小平同志就清醒地认识到污染问题是一个世界性的问题，强调在进行建设的同时要考虑处理废水、废气、废渣这"三废"。

---

① 中共中央文献研究室. 毛泽东年谱（一九四九—一九七六）：第四卷 [M]. 北京：中央文献出版社，2013.

② 毛泽东. 毛泽东文集：第七卷 [M]. 北京：人民出版社，1999.

1978 年 9 月，邓小平同志在唐山考察时强调："现代化的城市要合理布局，一环扣一环，同时要解决好污染问题。废水、废气污染环境，也反映管理水平。"[①] 1983 年 3 月 12 日，邓小平同志到北京十三陵参加义务植树劳动时指出："植树造林，绿化祖国，是建设社会主义，造福子孙后代的伟大事业，要坚持二十年，坚持一百年，坚持一千年，要一代一代永远干下去。"[②] 在三北工程建设 10 周年之际，邓小平同志写下了"绿色长城"的重要题词。

1994 年 2 月 8 日，江泽民同志在接见参加《中国 21 世纪议程》高级国际圆桌会议部分国外代表时强调："在经济快速发展的进程中，一定要注意协调发展的问题，注意处理好人口、资源、环境与经济和社会发展的关系。如果在发展中不注意环境的保护和改善，是很难可持续地发展下去的。""中国政府有决心走可持续发展的道路。"[③] 江泽民同志首次提出中国要走可持续发展道路。在党的十四大上江泽民同志指出："要增强全民族的环境意识，保护和合理利用土地、矿藏、森林、水等自然资源，努力改善生态环境。"[④] 1996 年 7 月 16 日，江泽民同志在第四次全国环境保护会议上强调："保护环境的实质就是保护生产力，这方面的工作要继续加强。环境意识和环境质量如何，是衡量一个国家和民族的文明程度的一个重要标志。"[⑤]

2004 年 3 月 10 日，胡锦涛同志指出：要牢固树立人与自然相和谐的观念。他强调要倍加爱护和保护自然，尊重自然规律。党的十七大首次明确提出要建设生态文明，标志着我们党对社会主义现代化建设规律的认识进一步深化。胡锦涛同志强调，"建设生态文明，实质上就是要建设以资

① 中共中央文献研究室. 邓小平年谱（一九七五—一九九七）：上 [M]. 北京：中央文献出版社，2004.

② 中共中央文献研究室. 邓小平思想年编（一九七五—一九九七）[M]. 北京：中央文献出版社，2011.

③ 国家环境保护总局，中共中央文献研究室. 新时期环境保护重要文献选编 [M]. 北京：中央文献出版社，2001.

④ 江泽民. 江泽民文选：第一卷 [M]. 北京：人民出版社，2006.

⑤ 江泽民. 江泽民文选：第一卷 [M]. 北京：人民出版社，2006.

源环境承载力为基础、以自然规律为准则、以可持续发展为目标的资源节约型、环境友好型社会"①。在党的第十八次全国代表大会上，他进一步号召全党："我们一定要更加自觉地珍爱自然，更加积极地保护生态，努力走向社会主义生态文明新时代。"② "建设生态文明，是关系人民福祉、关乎民族未来的长远大计。面对资源约束趋紧、环境污染严重、生态系统退化的严峻形势，必须树立尊重自然、顺应自然、保护自然的生态文明理念，把生态文明建设放在突出地位，融入经济建设、政治建设、文化建设、社会建设各方面和全过程，努力建设美丽中国，实现中华民族永续发展。"③

习近平总书记指出，"我们追求人与自然的和谐、经济与社会的和谐，通俗地讲，就是要'两座山'：既要金山银山，又要绿水青山……绿水青山本身就是金山银山"④。党的十八大以来，以习近平同志为核心的党中央高度重视生态保护工作。习近平总书记所作的党的十九大报告，不仅为中华民族伟大复兴的中国梦描绘了一幅宏伟蓝图，而且为实现这一蓝图提供了一系列新思想、新论断、新提法、新举措。作为中国梦的一个重要组成部分，"美丽中国"作为生态文明建设目标被写入党的十八大报告，也是第一次被写入政治报告。党的十九大报告明确地提出"坚持人与自然和谐共生"，还明确提出了"要创造更多物质财富和精神财富以满足人民日益增长的美好生活需要，也要提供更多优质生态产品以满足人民日益增长的优美生态环境需要"⑤。

党的二十大报告将"促进人与自然和谐共生"作为中国式现代化的本质要求之一，强调尊重自然、顺应自然、保护自然，是全面建设社会主义

---

① 胡锦涛. 胡锦涛文选：第三卷 [M]. 北京：人民出版社，2016.
② 胡锦涛. 胡锦涛文选：第三卷 [M]. 北京：人民出版社，2016.
③ 胡锦涛. 胡锦涛文选：第三卷 [M]. 北京：人民出版社，2016.
④ 陈二厚，董峻，王宇，等. 为了中华民族永续发展：习近平总书记关心生态文明建设纪实 [N]. 人民日报，2015-03-10（2）.
⑤ 习近平. 决胜全面建成小康社会 夺取新时代中国特色社会主义伟大胜利：在中国共产党第十九次全国代表大会上的报告 [EB/OL]. （2017-10-27）[2023-08-21]. http://www.gov.cn/zhuanti/2017-10/27/content_5234876.htm.

现代化国家的内在要求。党的二十大报告提出要倡导绿色消费，推动形成绿色低碳的生产方式和生活方式，加强污染物协同控制，基本消除重污染天气，统筹水资源、水环境、水生态治理，推动重要江河湖库生态保护治理，推进以国家公园为主体的自然保护地体系建设，实施生物多样性保护重大工程，推行草原森林河流湖泊湿地休养生息，实施好长江十年禁渔，深入推进绿色"一带一路"建设①。

我们要以习近平新时代中国特色社会主义思想为指导，全面贯彻落实党的十九大、党的二十大和党的十九届、党的二十届历次全会精神以及中央经济工作会议精神，深入学习贯彻习近平生态文明思想，认真落实党中央、国务院决策部署，准确把握立足新发展阶段、贯彻新发展理念、构建新发展格局、推动高质量发展的要求，扎实推进各项工作。生态环境保护在"十三五"期间成就巨大，我们要推动生态环境保护在"十四五"期间取得进展。

二、中国生态环境保护取得的成就

（一）"十三五"期间成就巨大②

党的十八大以来，在以习近平同志为核心的党中央坚强领导下，我国生态环境保护工作发生历史性、转折性、全局性变化，生态文明建设力度之大前所未有。习近平总书记多次指出，要牢固树立绿水青山就是金山银山的理念，统筹山水林田湖草系统治理，优化国土空间开发格局，抓好生态环境保护工作。

"十三五"时期是全面建成小康社会的最后五年，也是污染防治攻坚战全面开展的五年。这五年，我们以打赢打好污染防治攻坚战为主线，环境污染治理取得显著成效，生态环境保护各项工作都取得重要进展，"十三五"规划纲要确定的主要目标任务基本完成，是迄今为止生态环境

---

① 习近平.高举中国特色社会主义伟大旗帜 为全面建设社会主义现代化国家而团结奋斗：在中国共产党第二十次全国代表大会上的报告［M］.北京：人民出版社，2022.

② 国务院新闻办就"十三五"生态环境保护工作有关情况举行发布会［EB/OL］.（2020-10-21）［2023-08-22］.https://www.gov.cn/xinwen/2020-10/21/content_5552990.htm.

质量改善成效最大、生态环境保护事业发展最好的五年，人民群众生态环境获得感、幸福感和安全感不断增强。

和"十三五"时期前相比，全国生态环境质量总体改善，污染防治阶段性目标顺利实现。截至2019年底，"十三五"规划纲要确定的细颗粒物（PM2.5）未达标地级及以上城市浓度下降比例、地表水质量达到或好于Ⅲ类水体比例、劣Ⅴ类水体比例、单位GDP二氧化碳排放降低比例和化学需氧量、氨氮、二氧化硫、氮氧化物主要污染物的削减量，这8项生态环境保护领域的约束性指标都已提前完成。2020年1—12月，全国337个地级及以上城市空气质量优良天数比率达到87%，完成了84.5%的约束性目标。因此，到2020年底，"十三五"规划纲要确定的生态环境保护领域的9项约束性指标已全面完成。

与此同时，生态环境保护各项工作都取得了积极进展。生态环境体制改革进展顺利，法规标准政策体系不断完善，生态环境执法力度不断加大，生态系统保护和修复重大工程进展顺利，生态环境风险防控水平不断提升，生态环境治理体系和治理能力现代化加快推进，为全面建成小康社会奠定了坚实基础。

（二）"十四五"期间取得进展①

2022年，全国生态环境系统坚持以习近平新时代中国特色社会主义思想为指导，深入学习贯彻党的二十大精神，坚定践行习近平生态文明思想，坚持稳中求进工作总基调，统筹产业结构调整、污染治理、生态保护、应对气候变化，持续深入打好污染防治攻坚战，扎实推进美丽中国建设，全国生态环境质量持续改善，生态环境保护取得新的明显成效。

2022年，开展排放源统计重点调查的工业企业共176 528家，污水处理厂13 527家（含日处理能力500吨以上的农村污水处理设施），生活垃圾处理场（厂）2 645家（含餐厨垃圾集中处理厂），危险废物（医疗废

---

① 2022年中国生态环境统计年报［EB/OL］.（2023-12-29）［2024-02-23］. https://www.mee.gov.cn/hjzl/sthjzk/sthjtjnb/202312/t20231229_1060181.shtml.

物）集中处理厂 2 512 家。

2022 年，排放源统计调查范围内废水中化学需氧量排放量为 2 595.8 万吨。其中，工业源（含非重点）废水中化学需氧量排放量为 36.9 万吨，农业源化学需氧量排放量为 1 785.7 万吨，生活源污水中化学需氧量排放量为 772.2 万吨，集中式污染治理设施废水（含渗滤液）中化学需氧量排放量为 1.1 万吨。氨氮排放量为 82.0 万吨。其中，工业源（含非重点）废水中氨氮排放量为 1.4 万吨，农业源氨氮排放量为 28.1 万吨，生活源污水中氨氮排放量为 52.5 万吨，集中式污染治理设施废水（含渗滤液）中氨氮排放量为 0.1 万吨。

2022 年，排放源统计调查范围内废气中二氧化硫排放量为 243.5 万吨。其中，工业源废气中二氧化硫排放量为 183.5 万吨，生活源废气中二氧化硫排放量为 59.7 万吨，集中式污染治理设施废气中二氧化硫排放量为 0.3 万吨。氮氧化物排放量为 895.7 万吨。其中，工业源废气中氮氧化物排放量为 333.3 万吨，生活源废气中氮氧化物排放量为 33.9 万吨，移动源废气中氮氧化物排放量为 526.7 万吨，集中式污染治理设施废气中氮氧化物排放量为 1.9 万吨。颗粒物排放量为 493.4 万吨。其中，工业源废气中颗粒物排放量为 305.7 万吨，生活源废气中颗粒物排放量为 182.3 万吨，移动源废气中颗粒物排放量为 5.3 万吨，集中式污染治理设施废气中颗粒物排放量为 0.1 万吨。挥发性有机物排放量为 566.1 万吨。其中，工业源废气中挥发性有机物排放量为 195.5 万吨，生活源废气中挥发性有机物排放量为 179.4 万吨，移动源废气中挥发性有机物排放量为 191.2 万吨。

2022 年，排放源统计调查范围内一般工业固体废物产生量为 41.1 亿吨，综合利用量为 23.7 亿吨，处置量为 8.9 亿吨；工业危险废物产生量为 9 514.8 万吨，利用处置量为 9 443.9 万吨。

三、中国生态环境保护存在的问题

（一）体制机制尚不健全

1. 生态经济发展的相关制度还未完全建立

规范管理，制度先行。尤其是面对生态环境保护与经济发展的二元困境，无政府状态和左右摇摆都是不可取的。在党的十九大报告中，"两步走"的战略安排没有再提GDP翻番类目标。中央财经领导小组办公室副主任杨伟民指出："我国社会主要矛盾已经发生变化，我国经济发展已转向高质量发展阶段，不再是高速度增长的阶段了。"显然，我国经济发展的目标不再只是简单地以GDP论英雄，各部门业绩考核也不再只看增长率，要通过质量、效率、动力"三个变革"来着力解决发展不平衡不充分的问题，包括生态保护问题。然而，地方政府仍然有推高GDP做业绩的冲动，粗放型产业和增长方式在经济困难局面下有死灰复燃的可能性。同样，要坚守生态环境保护的三大红线：生态功能保障基线、环境质量安全底线、自然资源利用上线。三大红线是在2017年5月26日，习近平总书记主持中共中央政治局第四十一次集体学习时首次提出并着重强调的。事实上，生态保护红线的实质是生态环境安全的底线，说明最为严格的生态保护制度尚未建立。

还有最困难的制度安排问题尚未解决。在经济发展与环境保护发生冲突和矛盾，甚至无法调和、必须取舍时，应该是生态优先还是经济发展优先？追求生态本位还是就业本位、生命本位？在现实中我们看到，为应对俄乌冲突带来的寒冬难题，很多欧洲国家放松了煤炭使用管制，延缓了碳达峰时间，使得前期生态保护的效果大打折扣。因此，我们必须建立一套严谨、科学、刚性、行之有效的制度，为经济发展与环境保护的二元关系处理提供依据和指导，并长期贯彻执行下去。唯有如此，社会中的微观经济主体才能按章办事、遵纪守法，从而通过持续努力，产生思想和行为的改变，养成环境保护意识和习惯，这样才能为生态文明社会的建立提供制度保障。

2. 生态经济体系的机制框架还未完全建立

生态经济体系应该告诉我们，经济与生态是如何协调运作的，各自要发挥何种功能和作用，双方如何共同支撑生态型经济体的发展，双方与政治建设、文化建设、社会建设的关系如何确立，从而实现"五位一体"总体布局。尤其是，在生态体系的框架中如何体现政府和市场两种资源配置方式的作用，如何发挥社会（环保）组织、消费者的作用，如何让各种供给方、中介方、需求方在生态经济的供应链下，基于"双赢""预期成长性""共同价值观"三个层面不断演进，最终实现经济基础对上层建筑的支撑，使各参与主体具有生态伦理意识，自觉践行习近平生态文明思想。

中国人民大学曾贤刚教授论述了中国特色社会主义生态经济体系的概念。他指出："中国特色社会主义生态经济体系是以习近平生态文明思想为指导，运用中国特色社会主义经济理论与生态学原理，以产业生态化和生态产业化为主体，研究生态系统和经济系统所构成的复合系统的结构、功能、行为及其规律的科学体系。"在理解该体系时，我们需要深入分析新时代的生态经济学与以往生态经济学的区别、中国特色社会主义生态经济学与西方生态经济学的区别、生态经济学是经济学还是生态学、生态经济学与资源环境经济学的区别等①。对于生态经济体系的具体框架，尤其是其核心内容应该包括哪些，目前进行研究的文献还比较少。

（二）生态环境保护的技术储备还不够多

1. 产业结构调整还需要技术变革的支持

目前，中国经济已由高速增长阶段转向高质量发展阶段，经济增长方式正在由要素驱动向创新驱动转变，经济增长动力正在由投资拉动向消费拉动转变，因此经济增长结构必须由第二产业主导向第三产业主导转变。在深化新旧动能转换的基础上，我们要继续探索转型发展之路，进一步增强经济发展的活力、动力，加快推动经济实现绿色低碳高质量发展。

当前，数字经济正在从消费领域向工业领域延伸，数字技术正在与实体经济深度融合，工业数据成为数字经济中的重要资产，全面推动制造业

---

① 曾贤刚.中国特色社会主义生态经济体系研究［M］.北京：中国环境出版集团，2019.

数字化转型势在必行。我国应选择一批重点行业,大力提升数字基础设施支撑、数据资源汇聚运用和信息安全保障能力,加快 5G 等新一代信息技术与制造业全过程、全要素深度融合,促进特色优势产业补链强链,建设国际一流的先进制造业集群;开展跨行业跨领域平台遴选和集成应用试点示范,打造一批工业互联网平台解决方案和典型应用案例,培育一批骨干平台企业。

2. 能源结构的转型还需要技术支撑

当前,我国能源结构的现状是仍以化石能源消费为主,未来电力系统将大量接入新能源,能源电力转型发展将带来新挑战。截至 2022 年底,我国电力装机规模达到 25.6 亿千瓦,发电量 8.8 万亿千瓦时,均稳居世界第一。2021 年,我国风电、光伏发电装机容量居全球第一。风电装机约 3.3 亿千瓦,发电量 6 526 亿千瓦时,占比 7.7%;光伏发电装机 3.1 亿千瓦,发电量占比 3.8%,风、光总发电量占比 11.5%。我国要及时布局大功率海上风电、高效光伏发电、先进核电等清洁能源装备与关键零部件制造,发展新型储能技术,向储能规模化、产业化、市场化发展。我国还应壮大污染治理、固体废物资源化利用、环境监测等领域的节能环保装备产业,加快节能环保服务业发展,鼓励其向价值链高端延伸。

在 2023 第二届可持续能源发展国际会议上,中国工程院院士杜祥琬指出,当前全球能源环境面临着深刻转变,能源安全事件频发,风险更趋复杂难料。因此,需要加强能源转型,推动清洁能源的发展,以确保能源的安全和可持续发展。而氢气、碳捕捉等关键技术是支撑能源转型的关键。中国工程院院士侯立安认为,通过技术创新可以实现行业高质量发展,并推动全球经济的可持续发展。中国工程院院士汤广福指出,要找寻并开发油气战略性接替资源,我国目前在非常规油气开发、深井设备、核心技术以及海上油气开发相关技术方面都还存在瓶颈。

3. 污染治理的技术手段还不够多

中国科学院生态环境研究中心水污染控制实验室主任魏源送指出,与美、日、欧等发达国家和地区相比,我国的新污染物研究起步并不晚,但相关环境监管标准条例的制定仍处在发展阶段。包括新污染物在内的化学物质环境风险管控技术标准体系仍不够完善，支持化学物质环境风险评估与管理危害和暴露的数据库等基础数据匮乏，缺少跨部门管控的技术指导文件①。中国科学院院士江桂斌指出，新污染物治理成本高昂，主要是因为研发、应用和推广所需的技术成本较高；高端、先进的分析测试平台投资大；技术人员数量不足，运维及监管成本高；替代技术成本高。同时，科研技术支撑相对薄弱，没有充分发挥科技的引领作用。

中国民主建国会陈小峰认为，环境工程技术专业度不高也是目前环境工程治理中的显著问题，其主要体现在两个方面：一方面是技术的专业性不强，主要是因为环保企业生搬硬套，对技术的改进不足，导致实效性差；另一方面是相关人员的专业性不足，因为环境工程技术行业相对其他学科发展较晚，且门槛较低，很多一知半解的环保从业人员充斥在行业中②。

（三）公众生态保护意识亟待加强，离生态文明社会新形态还有差距

1. 企业生态环保的社会责任感不够强

企业作为一种正式组织，尤其是营利性企业往往更多关注利润、销售额、市场占有率等经营指标的达成，这是企业生存的生命线。正如诺贝尔经济学奖获得者科斯对企业使命的描述："企业与市场的区别就是，企业自己生产的产品成本低，所以就自己组织生产而不在市场购买了。"同样，当一个企业走到了生命周期的末端，往往也只关注企业经济指标。比如企业收入能否发放人员工资，如果不考虑固定资产折旧，企业连工资都发不出了，说明该企业离破产只有一步之遥了。

同时，环保问题往往是企业经营的副产品，经济学的外部性理论很清晰地指明了这一点。若一个企业做了经营之外的好事而得不到表扬，比如捐赠、环保，另一个企业做了经营之外的坏事而没有受到惩罚，比如排

---

① 新污染物治理需补齐哪些短板？中科院院士专家这样说 [EB/OL]. (2023-03-20) [2023-08-21]. https://huanbao.in-en.com/html/huanbao-2368312.shtml.

② 陈小峰. 环保工程技术行业的现状、存在问题及对策 [EB/OL]. (2020-12-24) [2023-08-21]. https://www.hzmj.org.cn/YiZhengJianYan6/20203014266301.html.

污、走私，外部性就产生了。外部性内部化是解决环保问题的根本所在，这需要一套激励相容的机制设计，避免劣币驱逐良币。然而，受经济发展的刺激，地方政府和企业往往难以有效组织环保大检查，难以使污染治理常态化。

另外，企业自身也有抵制或懒于改进的可能性。环保技改往往投资巨大、收益不明显，在国内外市场对环保标准要求不那么苛刻的情况下，企业更没有动力去主动作为。当然，也可能存在企业找不到合适的环保技改路线、没有合适的符合环保要求的生产设备、生产工艺和流程改进空间小等制约条件。最终，落实到企业社会责任上看，环保责任应该成为企业生存和安全的第一生命线，成为企业对社会和消费者的承诺。企业要像一个健康的肌体一样，是干净纯洁的。

2. 公众生态意识亟待加强

新中国从成立初期的一穷二白，到1978年的改革开放，公众对经济发展的认知和渴求是非常清晰的，正如邓小平同志所说，"贫穷不是社会主义"。中国一旦开启经济发展进程，其势头是非常凶猛的。国际上有个说法，叫贫困的恶性循环，大致意思是：穷是由于收入低，收入低就消费低，因此工厂就不能生产太多产品满足低消费，进而工厂雇佣工人就变少了，工人无法上班导致收入低，因此贫困的恶性循环就产生了。我国冲破贫困的主要办法是依靠投资拉动经济，常年维持铁公基的高密度建设，通过基建提高农民工等低收入群体的工资水平，同时在"五险一金"等社保领域提升政策水平，实现了现实收入与未来收入的双保障。面对特殊困难群体，我国通过精准扶贫，最终全面建成小康社会。

应该说，实施改革开放到全面建成小康社会这段时期，我们都是在夯实经济基础，对经济发展带来的环境困扰估计不足、关心不够。尤其是加入 WTO 以来，我们面临经济发展与环境保护的现实冲突：一方面是国际"绿色贸易壁垒"，由于当时中国的环境标准普遍低于发达国家，食品、机电、纺织、皮革、陶瓷、烟草、玩具、鞋业等行业的产品在出口贸易中受限；另一方面，国际市场对我国的矿产、石材、药用植物、农产品、畜牧产品的大量需求，可能会加重中国的生态环境和自然资源的破坏。因此，中国在一定程度上成为国外污染密集型企业转移的地点和大量的国外工业废物"来料加工"的地点，这极大地加重了中国的环境问题。

中国特色社会主义进入新时代，我们主动作为，主动融入世界环境治理大家庭。党的十八大明确提出"要倡导人类命运共同体意识，在追求本国利益时兼顾他国合理关切"。早在 2013 年 3 月，国家主席习近平在访问坦桑尼亚时便指出："这段历史告诉我们，中非从来都是命运共同体，共同的历史遭遇、共同的发展任务、共同的战略利益把我们紧紧联系在一起。"2015 年 9 月，国家主席习近平在第七十届联合国大会一般性辩论时发表重要讲话指出："当今世界，各国相互依存、休戚与共。我们要继承和弘扬联合国宪章的宗旨和原则，构建以合作共赢为核心的新型国际关系，打造人类命运共同体。"2020 年，中国在第七十五届联合国大会上正式宣布了 2030 年前实现碳达峰、2060 年前实现碳中和的目标。

第三节　全球环境治理机构及环境治理发展趋势

一、联合国气候变化管理机构

（一）联合国环境规划署

1972 年 12 月 15 日，第 27 届联合国大会通过建立环境规划署的决议。联合国环境规划署（United Nations Environment Programme，UNEP）是联合国系统内负责全球环境事务的牵头部门和权威机构，采用普遍会员制，目前有 193 个成员国。该署是一个业务性的辅助机构，它每年通过联合国经济和社会理事会向大会报告自己的活动，以"监测环境状况，为科学决策提供信息支持，协调应对世界环境挑战"为宗旨，旨在激发、提倡、教育和促进全球资源的合理利用并推动全球环境的可持续发展。现任联合国环境规划署执行主任为丹麦经济学家、环境学家英厄·安诺生。

该署组织机构主要有两类：一是理事会，通过联合国经社理事会向联大报告工作，每两年召开 1 次理事会会议，该会议 2012 年升格为每两年举行一届的联合国环境大会。二是秘书处，即联合国系统内环境活动实施和协调中心。该署主要负责环境评估工作，具体工作部门包括全球环境监测系统、全球资料查询系统、国际潜在有毒化学品中心等。该署的环境管理包括人类住区的环境规划和人类健康与环境卫生、陆地生态系统、海洋、能源、自然灾害、环境与发展、环境法等。该署的支持性措施包括环境教育、培训、环境信息的技术协助等。该署定期召开理事会和特别理事会；此外，该署和有关机构还经常举办同环境有关的各种专业会议。

（二）联合国政府间气候变化专门委员会

联合国政府间气候变化专门委员会（Intergovernmental Panel on Climate Change，IPCC）是世界气象组织及联合国环境规划署于 1988 年联合建立的政府间机构，2007 年该机构与美国前副总统艾伯特·戈尔分享了诺贝尔和平奖。其主要任务是对气候变化的现状，气候变化对社会、经济的潜在影响以及适应和减缓气候变化的可能的对策进行评估。

二、联合国气候变化大会

联合国气候变化大会（United Nations Climate Change Conference）是在《联合国气候变化框架公约》（UNFCCC）框架下每年举行的会议。会议评估及应对气候变化的进展，并从 20 世纪 90 年代中期开始讨论《京都议定书》，确立发达国家减少温室气体排放的法律约束性义务。

联合国气候变化大会于 1995 年起每年在世界不同地区轮换举行，第一次大会于 1995 年在柏林举行。

2023 年 11 月 13 日，《联合国气候变化框架公约》第二十八次缔约方大会（COP28）"超时"一天，于阿联酋迪拜闭幕。当日，198 个缔约方围绕《巴黎协定》进行首次全球盘点，就气候损失和损害的资金、公平公正转型等多项议题达成具有里程碑意义的《阿联酋共识》。《阿联酋共识》指出，为了将"控制升温 1.5 摄氏度"目标保持在可实现范围内，全球需要迅速、大规模、持续不断地减少温室气体排放。该次大会敦促各缔约方尽快采取气候行动以完成下述目标：到 2030 年，全球可再生能源装机增加两倍，全球年均能效增加一倍；加快减少煤炭使用，尤其是发电领域；到 21 世纪中叶前后，全球加快向零碳、低碳燃料转型；推进能源转型的过程中，始终秉持公平、公正、合理、有序的方式；加快零碳和低碳排放技术的创新应用，包括可再生能源和核能技术，碳捕获、利用和封存技术等；到 2030 年，全球加速并大幅减少非二氧化碳排放，特别是甲烷排放；寻求各种措施和手段加快交通运输领域减排，包括部署零排放、低排放汽车等；尽快取消化石燃料补贴。

三、西方发达经济体的环境保护政策

（一）欧盟

欧盟是应对气候变化实现低碳发展的倡导者和先行者。在国际社会应对气候变化合作发展的大背景下，国际低碳发展议程和约定促进了欧盟各个成员国气候政策的合作。

从时间顺序看，欧盟在环境治理方面有一系列大动作：2000 年，启动"欧盟气候变化计划"；2003 年 10 月，出台《欧盟温室气体排放限额交易指令》；2007 年 11 月，推广欧盟战略能源技术计划；2008 年 1 月，提出欧盟能源气候计划；2009 年，欧盟委员会发布《适应气候变化白皮书：面向一个欧洲的行动框架》；2010 年 3 月，发布"欧盟 2020 战略"；2011 年 12 月，公布能源路线图，提出 2050 年将温室气体排放量至少降低 80%；2013 年 4 月，发布《欧盟适应气候变化战略》；2014 年，发布《气候和能源政策新目标白皮书》，计划到 2030 年将温室气体排放量在 1990 年的基础上减少 40%，可再生能源在能源使用总量中的总比例提高到 27%，能源使用率提高到 27% 以上；2015 年 3 月，提交"国家自主贡献"文件，做出到 2030 年减排 40% 的承诺；2019 年 12 月 11 日，欧盟委员会发布了新的增长战略文件《欧洲绿色新政》（*European Green Deal*），该文件提出，通过向清洁能源和循环经济转型，使欧洲到 2050 年成为全球首个碳中和大陆；在 2015 年第一版的《循环经济行动计划》的基础上，2020 年 3 月，欧盟委员会发

布了《新循环经济行动计划》，即欧洲循环经济 2.0 版本的政策。

2023 年 10 月 1 日起，CBAM（欧盟碳边境调节机制）开始试运行，过渡期到 2025 年底，2027—2034 年逐步全面实施。根据 CBAM，欧盟将对从境外进口的特定产品额外征收碳边境调节费用，被称为"碳关税"。

该机制在调整过后，目前涵盖的行业范围和品类都非常广，在原有的钢铁、铝、水泥、化肥及电力五大类的基础上，又新纳入了化学品（有机化学品、氢、氨）、塑料及其制品，基本涵盖了目前的所有基础重工业品类，并且计划在正式实施后继续扩大品类。

（二）美国

美国环境保护政策的核心是环境保护法律体系。通过对环境保护法律的制定、修改和完善，美国确立了环境保护的基本框架和原则，包括《清洁空气法》《清洁水法》《环境政策法》等。然而，美国环境政策随着政府更迭会左右摇摆，具有一定的不确定性。

从时间顺序看，美国在环境治理方面的主要政策有：1969 年美国国会通过了《国家环保政策法案》，成为历史上第一个把环境保护作为国家基本政策的国家；1970 年颁布了《清洁空气法》；1972 年颁布了《联邦水污染控制法》《联邦灭虫剂、灭鼠剂法》《水生哺乳动物保护法》《噪声控制法》《海洋管理法》；1973 年颁布了《濒危物种法》；1974 年颁布了《安全饮用水法》；1976 年颁布了《有毒物质控制法》《资源保护和恢复法》《联邦土地和管理法》《国家森林法》。里根在其总统任内（1981—1989 年）所通过的环保政策和法律极少，美国环境史学家将里根任期称为"环保政策的停滞"阶段，仅《安全饮用水法》《能源保护法》的修正案得以通过。老布什执政时期，1990 年《清洁空气法》修正案通过，1992 年《削减住宅危险含铅油漆法》通过。克林顿执政时期，1996 年美国国会制定了《电子化信息公开法》，要求各级政府利用互联网等新技术向公众公布包括环保在内的行政信息，这一时期美国环保政策的推动力主要来自白宫，但受到国会的阻挠。

进入 21 世纪以来，美国环境政策出现重大倒退。2020 年 10 月 19 日，我国外交部网站发布《美国损害环境事实清单》和《美国损害全球环境治理报告》两份文件。这两份文件指出，美国是全球历史上第一大温室气体排放大国、全球累积温室气体排放最多的国家，其 1751—2010 年能源和工业部门排放占全球的 27.9%，累积排放量约是中国的 3 倍。美国还是当前第二排放大国，排放量全球占比约为 15%。美国人均碳排放量居高不下，2017 年人均化石燃料排放二氧化碳 14.6 吨，是全球平均水平的 3.3 倍，中国的 2 倍多。美国还是全球累积航空碳排放最多的国家。美国在气候变化立场上出现重大倒退，退出有关气候变化的《巴黎协定》，气候行动承诺落实不力，拒不兑现资金承诺，未批准《生物多样性公约》且未加入生物多样性领域的三个重要议定书。美国是野生动物及其制品贩运的最大目的国和消费国之一，美国是世界上最大固体废弃物出口国和人均塑料消费大国，但其迄今不批准《控制危险废物越境转移及其处置巴塞尔公约》，迄今未批准化学品三公约，包括《控制危险废物越境转移及其处置巴塞尔公约》《关于在国际贸易中对某些危险化学品和农药采用事先知情同意程序的鹿特丹公约》《关于持久性有机污染物的斯德哥尔摩公约》。

欧盟 CBAM 是对进口产品的"绝对碳含量"征税，政策的背后逻辑是，所有进口产品的单位碳排放成本必须与欧盟产品的单位碳排放成本持平。不同于欧盟的标准，美国《清洁竞争法案》（CCA）拟采用"相对碳含量"标准，仅对进口产品超出基准线（美国同类产品的平均碳含量）的碳排放部分实施征税，即产品碳排放与美国基准线的差值。其计算方法是：（出口产品碳排放量−美国产品平均碳排放量）×55 美元/吨，碳税标准每年上浮 5%。但在计算进口产品碳含量时，美国提出采用"以原产国行业平均碳强度或整体经济碳强度"作为标准，这实际上是搞双重标准。

（三）日本

面对世界八大公害事件带来的威胁，日本开始重新审视自身经济发展中的环保问题。20 世纪 60 年代，日本三重县四日市发生了被称为"四日市哮喘"的疾病，成为当时热议的焦点。20 世纪 50 年代以前，日本主要有一些地方性的防治污染法规。从 20 世纪 50 年代末开始，日本开启了全国环境治理的进程，出台了一些重要政策法规：1956 年颁布了《工业用水法》；1957 年颁布了《自然公园法》；1958 年颁布了《关于公用水域水质保护法》《关于限制工厂排水法》《下水道法》《关于水洗煤炭业的法律》；1962 年颁布了《关于限制建筑物采用地下水法》；1965 年颁布了《防止公害视野团体法》《关于整顿防卫设施环境法》；1967 年颁布了《公害对策基本法》；1968 年颁布了《大气污染防治法》《噪声控制法》《城市规划法》；1970 年颁布了《公害纠纷处理法》，制定了《防止公害事业费企业负担法》《关于处理与清理废弃物品法》《海洋污染防治法》《关于公害损害人体健康犯罪处罚法》《关于农业用地土壤污染防治法》《水质污染防治法》6 部新的有关公害的法律，并修改了 8 项既有的公害法律，实施了《公害对策基本法》修正案；1971 年颁布了《环境厅设置法》《恶臭防治法》《关于在特定工厂整顿防治公害组织法》；1972 年颁布了《公害等调整委员会设置法》《自然环境保护法》；1973 年颁布了《城市绿化法》《关于公害损害健康补偿法》。1980 年日本开始实行垃圾分类回收，如今已经成为世界上垃圾分类回收做得比较好的国家。

从环境影响效力看，《环境基本法》是日本政府开展环境治理的主要法律依据，该法以 1967 年《公害对策基本法》为基础，经历 1970 年的修订，于 1993 年正式颁布，历时 26 年。1994 年第一个《环境基本计划》开始实施，每五年左右修订一次。20 世纪 90 年代，日本政府开始推广和实施"可持续发展教育（ESD）"。日本于 2000 年 6 月 2 日颁布了《推进循环型社会形成基本法》，促使日本朝循环型经济社会迈进。2001 年 7 月日本公布《低公害车开发普及行动方案》，2003 年日本政府专门推出《环境教育推进法》。随后，日本在企业层面和行业领域推广环境治理规章，实现了污染成本由外生转变为内化的目标。

然而，核污水排海事件使日本的环保形象大打折扣。当地时间 2023 年 8 月 24 日，日本福岛第一核电站启动核污染水排海。据日本共同社报道，福岛第一核电站的核污染水约有 134 万吨，2023 年度将把约 3.12 万吨核污染水分 4 次排放，每次约排放 7 800 吨。根据东电计算，用海水稀释过的核污染水将缓慢流过约 1 千米的隧道，约 1 000 秒之后抵达大海。根据日本方面的计划，排海时间至少持续 30 年。

四、世界环境治理的趋势及启示

（一）环境污染是经济社会发展的伴生物，加快环境治理已是大势所趋

众所周知，环境污染根源于人类无休止的经济社会活动，人类繁衍生息的过程给地球环境造成了负面影响。经济学鼻祖亚当·斯密在提出市场经济模式时，就担心资源稀缺性与人类欲望无限性之间的矛盾不可调和，于是他同时创作了《道德情操论》，企图通过道德范畴约束人类的不理性行为。

当前，人类破坏环境而造成的危害数不胜数，《寂静的春天》一书发行了 350 万册就充分表明了人类的焦虑、害怕和担心。每年的世界环境日（6 月 5 日）总让人想起气候变暖、臭氧层破坏、生物多样性减少、酸雨蔓延、森林锐减、土地荒漠化、大气污染、水污染、海洋污染、危险性废物越境转移等环境不可逆的事件。在持续的环境伤害下，世界环境治理的趋势已经愈发明显，每个个体、每个组织都要为世界环境治理、为人类命运共同体建设贡献力量。

（二）"先污染、后治理"的道路不能再走，要做好环保

梳理西方发达国家工业化的进程，可以看出这些国家几乎都是"先污染、后治理"的模式。正如前文所述，经济社会发展与环境问题相伴而生，经济增长最快速的时期往往是环境污染最严重的时期。当西方发达国家提前实现工业化、现代化，其污染环境的代价已经被世界消化，南北国家发展差距较大的时候，"国家发展权"与"环境责任"便存在一定的冲突。不能借"环境责任"忽视了发展中国家的发展权利，也不能借"国家发展权"回避"环境责任"。

2015 年 9 月 28 日，国家主席习近平在第七十届联合国大会一般性辩论上发表重要讲话，强调构建以合作共赢为核心的新型国际关系，打造人类命运共同体。他提出 5 点主张：建立平等相待、互商互谅的伙伴关系，营造公道正义、共建共享的安全格局，谋求开放创新、包容互惠的发展前景，促进和而不同、兼收并蓄的文明交流，构筑尊崇自然、绿色发展的生态体系。这被看作中国为世界各国迈向人类命运共同体提出的"路线图"。其中，"构筑尊崇自然、绿色发展的生态体系"为人类命运共同体注入了生态底色和亮色。

（三）环境治理需要法治化保障

纵观西方发达国家环境治理的实践和效能，法治化保障是环境治理的根本。美、日、欧等西方经济体较早发现了环境污染问题，及时制定了环境法案，使得环境治理机制常态化有效运行。尤其是在环境问题出现的初期，它们几乎每年颁布一个法案，确保立法有效且为经济社会发展服务，通过明确政府、企业、个人在环境保护方面的责权利关系，使各参与主体的行为有法可依。

习近平生态文明思想和习近平法治思想为我国环境治理提供了理论指导和行动指南。我们要始终坚持用最严格的制度、最严密的法治体系保护生态环境，保持常态化外部压力，不断推进生态环境治理体系和治理能力现代化。同时，只有在完善制度的基础上，让制度成为刚性约束和不可触碰的高压线，才能把生态环境领域的制度优势转化为治理效能。当前，我国正处于"十四五"时期，需要以法治思维和法治方法大力推进生态环境保护的各类重要部署。

（四）开展环保教育，以增强公众环保意识

面对环境治理难题，日本及时开展了国民环保教育，在幼儿园、小学、中学、高中都开展了环保教育，倡导绿色家庭理念，提倡节约利用能源，形成有效的垃圾分类和回收模式，以各种方式培育公众的环保意识。美国环境教育形式多样化，比如充分利用公共资源满足环境教育要求，像公园、海岸线、湖泊、图书馆、科技馆之类的地方，都会和小学教育联动起来。正如环球环境教育与保护组织（Environmental Education and Conservation Global）的主席 Edward McCrea 所说："环境教育这一领域正如同一棵参天大树，其发展史如同树的根系一样发达、错综复杂。也正是这样的根系，才能支持环境教育在未来茁壮地发展。"

在第七届环境教育年会上，时任生态环境部宣传教育司综合处处长董文萱指出："当前，我国生态环境保护面临的压力和挑战依然严峻，环境舆论形势纷繁复杂，环境教育现状与生态文明建设的需要间仍存在一定差距，需要政府和社会各界进一步努力。要进一步加强学校环境教育和社会环境教育力度，进而推动人们从意识到行为的转变，使绿色生产、生活成为人们的行动自觉。"

第四节　环境治理需要政府与市场协调配置资源

恩格斯在论述共产主义社会的时候说，"由社会全体成员组成的共同联合体来共同地和有计划地利用生产力；把生产发展到能够满足所有人的需要的规模；结束牺牲一些人的利益来满足另一些人的需要的状况；彻底消灭阶级和阶级对立；通过消除旧的分工，通过产业教育、变换工种、所有人共同享受大家创造出来的福利，通过城乡的融合，使社会全体成员的才能得到全面发展"①。从上述论断中可以看出，共产主义社会就是马克思主义经典作家心目中的理想社会。

一、社会资源配置方式

一般地讲，社会资源有两种最基本的配置方式：市场配置和政府配置。二者在配置社会资源时各有自己的优点和不足。

（一）市场配置资源

市场是由各参与人自主决策达成交易的任何场所。与政府相比，市场经常被认为是"看不见的手"，它是一种软约束，通过自下而上的方式实现资源的合理流动。市场最基本的特征是竞争性。所以，在一般性竞争领

---

① 马克思，恩格斯. 马克思恩格斯选集：第一卷 [M]. 北京：人民出版社，1995.

域，市场配置资源的优势非常明显。可以说，中国改革开放四十多年来的实践就是对市场的作用不断加深认识的过程。

邓小平同志作为我国改革开放的总设计师，及时总结了改革开放实践中的新鲜经验和理论探索成果，首先提出了"社会主义也可以搞市场经济"的重要思想，为我国确立社会主义市场经济体制的改革目标作出了重大贡献。1979 年 11 月，邓小平同志在同《大不列颠百科全书》副总编辑吉布尼等人的谈话中指出，说市场经济只限于资本主义社会，这肯定是不正确的。社会主义也可以搞市场经济。社会主义的市场经济方法基本上和资本主义社会相似，但也有所不同。1985 年，邓小平同志在回答美国企业家代表团团长格隆瓦尔德时又说："把计划经济和市场经济结合起来，就更能解放生产力，加速经济发展。"1992 年初，邓小平同志视察南方时进一步指出："计划多一点还是市场多一点，不是社会主义与资本主义的本质区别。计划经济不等于社会主义，资本主义也有计划；市场经济不等于资本主义，社会主义也有市场。计划和市场都是经济手段。"邓小平同志这一系列科学论断，纠正了把市场经济等同于资本主义，把计划经济等同于社会主义的传统观念，消除了人们对计划经济和市场经济姓"社"、姓"资"的顾虑，打开了在社会主义条件下发展市场经济的新思路，大大解放了人们的思想，使人们的认识提高到一个新的阶段。我们现在能够清醒地认识到，市场只是一种资源配置方式，它与社会主义这种社会形态有机地结合在一起就是社会主义市场经济。

一分为二地看，市场配置资源也有失灵的时候，主要是对存在垄断、外部性、公共物品、信息不完全的领域不能进行有效的调节。这些领域的存在造成社会福利无法实现最大化，帕累托最优状态无法达到。这时就需要政府配置资源。

（二）政府配置资源

政府配置资源历来有之。俄国通过"十月革命"建立了人类历史上第一个社会主义国家后，社会资源的配置主要依赖政府，1991 年时苏联的国内生产总值为 3 万多亿美元，相当于美国的 60% 多一点，居世界第二位。应该说政府配置资源是有一定优势的，与市场相比，它经常被认为是"看得见的手"。它是一种硬约束，通过自上而下的方式实现资源的合理流动。政府最基本的特征是强制性，在无法实现竞争或竞争无效的公共服务领域，政府配置资源的优势十分明显。

一分为二地看，政府配置资源也有失灵的时候，主要是在一般性竞争领域。在这一领域，政府配置的有效性需要满足三个条件：信息条件、激励条件、偏好条件。而在一般性竞争领域，主要的参与方是微观企业。政府投资代替私人投资从事企业生产经营，必然会造成多重委托代理问题，造成"挤出效应"，从而导致产权无法清晰界定，职工积极性无法提高，收益无法保证，社会福利无法实现最大化，这时就需要市场配置资源。

二、不协调的资源配置方式："唯市场独尊"或"唯政府独尊"

（一）唯市场独尊

市场经济诞生于自由竞争的资本主义社会，最初这种配置方式在很大程度上解放和发展了生产力。于是，很多西方人士就理所当然地认为不加任何政府干预的自由竞争是最佳模式。他们普遍认为，最多有个商会、再有个法律就行了，这种倾向被叫作"无政府主义"。

当时只有马克思清醒地指出，自由竞争发展到一定程度，社会供求之间的矛盾、社会各个利益群体之间的矛盾必定会激化，这种激化必定会导致经济危机[①]。

马克思不幸言中，1929—1933 年，资本主义世界爆发了大规模的经济危机，英国的经济学家凯恩斯提出了靠政府解决危机的设想，被誉为"凯恩斯主义"，宏观经济学就此诞生。当时的政府干预是迫于无奈，是一种缓和政策，许多西方人骨子里还是喜欢自由竞争。

目前的中国正处于经济体制转轨时期，我们在享受市场带来巨大物质

---

① 陈淮. 市场经济中政府与市场的矛盾 [J]. 金融经济，2004（3）：12-13.

财富的同时，在某种程度上也神化了市场的作用，一些人在资源配置上推崇唯市场独尊。有些地方政府及其工作人员为了发展经济甚至引进许多高污染、高耗能、高排放的"三高"型企业，而引进过来之后，这些地方政府不会太多地去检查这些企业的污染排放状况。长此以往，一旦污染形成规模再去治理，一定会花费巨大成本，最终得不偿失。

（二）唯政府独尊

我们知道，政府配置资源这种方式具有强制性，因此，只有在市场失灵的领域才能运用。而个别地方政府及其工作人员"官"心太浓，对企业进行强行摊派，对政府采购、工程招标等本该由市场自由竞争的领域实行委任制。这既损害了政府信誉，又影响了市场配置的有效性，必然造成效率低下，滋生腐败。

三、协调的资源配置方式：市场与政府的共赢

马克思主义的辩证法认为，矛盾无处不在、无时不有。正是矛盾的对立统一性推动着社会的运动发展。同样，市场和政府作为两种资源配置方式既对立又统一，两者相互促进、相互补充，共同引导经济社会的健康有序发展。

在构建社会主义和谐社会的过程中，"共赢"应该成为社会各成员的基本诉求。在经济领域，"共赢"理念最基本的表现是资源配置方式的合理有效，即市场与政府的共赢。我们要摒弃那种只靠市场或只靠政府配置资源的错误理念，市场与政府共生共赢共发展才是社会主义和谐社会健康发展的真谛。

社会主义和谐社会的资源配置方式只能是市场与政府的共赢。这就要求：在收入分配领域，要按照党的二十大报告指出的那样实施："坚持多劳多得，鼓励勤劳致富，促进机会公平，增加低收入者收入，扩大中等收入群体。""规范收入分配秩序，规范财富积累机制，保护合法收入，调节过高收入，取缔非法收入。"

市场与政府的共赢，并不是说在资源配置作用程度方面二者各占一半，而是要有主有次，各司其职。目前我国的经济发展要充分发挥市场在资源配置中的决定性作用，辅之以政府的宏观调控。要充分发挥市场机制以使效率最优化，利用政府调控以使公平最大化，最终达到全社会效率与公平的统一，使国家更加强盛、社会更加和谐、人民更加富裕。

第四章　新时代中国环境治理的
生态哲学理念

第一节　"两山论"

　　习近平同志在地方工作时十分重视生态文明建设，对"绿水青山"与"金山银山"之间的关系进行了深邃思考与实践探索。

　　从时间节点看，2005 年 8 月 15 日，习近平同志在浙江省安吉县考察时，明确提出了"绿水青山就是金山银山"的科学论断。2006 年，习近平同志进一步总结了人类认识的三个阶段：第一个阶段是"用绿水青山去换金山银山"；第二个阶段是"既要金山银山，但是也要保住绿水青山"；第三个阶段是"绿水青山本身就是金山银山"。2013 年 9 月 7 日，国家主席习近平在哈萨克斯坦纳扎尔巴耶夫大学发表题为《弘扬人民友谊 共创美好未来》的重要演讲并回答学生关于环境保护的提问时指出："我们既要绿水青山，也要金山银山。宁要绿水青山，不要金山银山，而且绿水青山就是金山银山。"[①] 党的十九大把"增强绿水青山就是金山银山的意识"写入《中国共产党章程》，成为生态文明建设的行动指南。2017 年 12 月 12 日，习近平总书记在视察徐州市贾汪区潘安湖时，首次提出了"只有恢复绿水

---

　　① 习近平主席在纳扎尔巴耶夫大学的演讲 [EB/OL]. (2017-03-08) [2023-08-24]. http://world.people.com.cn/n1/2017/0308/c411452-29132263.html.

青山，才能使绿水青山变成金山银山"①的论述，这彰显了生态修复与生态经济的价值。至此，"两山论"已形成完整的表述，内容深刻，逻辑严谨，形成了完整的闭环（见图4.1）。

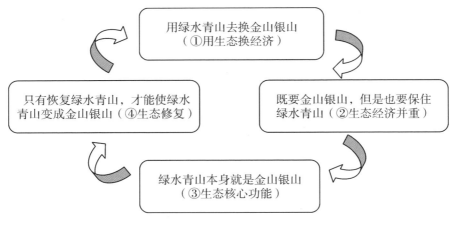

图4.1 "两山论"的完整架构

习近平总书记审视了改革开放以来我国经济发展"先污染后治理"的现状，认识到"发展经济不能牺牲环境"，要生态与经济并重，进而提炼出生态的核心功能和价值，最后下定决心要进行生态修复，凸显生态本位的思路。他运用辩证唯物主义原理，以"绿水青山"比喻生态环境，以"金山银山"比喻经济发展，阐释了二者之间相辅相成、辩证统一的关系。"两山论"是有关生态问题的马克思主义中国化时代化的重要成果。

第二节 "生命共同体"理念

人与自然的关系自人类诞生以来就持续困扰世界，从上万年的人类文化史到5 000多年的人类文明史，随着人类对自然的胜利，人类逐渐同其他物种分离开来，人类主导、自然从属的二元关系逐渐确立。法兰克福学

---

① 习近平考察徐州采煤塌陷地整治工程［EB/OL］.（2017-12-13）［2023-08-24］. http://news.cctv.com/2017/12/13/ARTIPJMBwbvnvZA0CERYCXff171213.shtml.

派威廉·莱斯在《自然的控制》中认为，"控制自然"已经成为人类的一种共识①。然而世界八大公害事件的出现、《寂静的春天》一书的出版，让人们开始重新审视自然的价值。霍尔姆斯·罗尔斯顿的生态中心主义带领人类走向了另一个世界：自然价值论②。

事实上，人类与自然的关系有三重维度：主客体对象角度的人与自然、伦理角度的人类中心主义思想或生态中心主义思想、地理空间角度的群落生态位或生态中性。习近平总书记基于上述三重维度错综复杂的关系，从马克思主义的实践观出发，采用辩证唯物主义方法论，提出了著名的"生命共同体"理念，凝练了人与自然和谐共生的本质特征，为习近平生态文明思想的形成奠定了基础。"生命共同体"理念的三重辩证统一关系如下：

一、"生命共同体"理念对人与自然关系的统一

人与自然孰客孰主，自古以来人们就争执不休。中国古代哲学家、儒家继承者荀子提出了"有用为人"和"制天命而用之"的思想，事实上主张了人定胜天的伦理法则。而同一时代道家学派的庄子则提出"人与天一"思想，强调天道与人道，自然与人为的一种相互统一。西方三大哲学流派中，海德格尔认为欧洲在许多世纪都是以人为中心的，自然只是人类掠夺的对象，这种掠夺反而破坏了人类生存的条件和空间③，因此海德格尔强调人与自然和谐共生，这与中国的"天人合一"是一致的。恩格斯《英国工人阶级的状况》、马克思《资本论》等著作中对工业革命以来资本主义生产模式对环境的污染进行了客观描述和严厉批判。马克思批判和升华了黑格尔和费尔巴哈有关人与自然关系的论述，将人与自然之间主客体的关系界定为对象性关系，是基于实践的对象化④。

---

① 莱斯. 自然的控制 [M]. 岳长龄，李建华，译. 重庆：重庆出版社，1993.

② 李勇强，孙道进. 生态伦理证成的困境及其现实路径 [J]. 自然辩证法研究，2013，29（7）：73-77.

③ 海德格尔. 林中路 [M]. 孙周兴，译. 上海：上海译文出版社，1997.

④ 陈凌霄. 马克思自然观中的生态哲学思想 [J]. 自然辩证法研究，2016，32（10）：110-115.

"生命共同体"理念强调了人类与自然在实践基础上的辩证统一关系①。正如恩格斯指出的:"我们不要过分陶醉于我们人类对自然界的胜利。对于每一次这样的胜利,自然界都对我们进行报复。"同时,习近平总书记进一步强调指出:"人类发展活动必须尊重自然、顺应自然、保护自然,人因自然而生,人与自然是一种共生关系,只有尊重自然规律,才能有效防止在开发利用自然上走弯路。"② 因此,人与自然的主客体关系应该是相互的,二者共同构成生命共同体,共同作为生态哲学的研究对象。因为生态哲学面对的是真实的自然界、人类及生态系统。从本质上看,人类都是脱胎于自然界的。因此,"生命共同体"理念指明了人与自然关系的本质③。

二、"生命共同体"理念对人类中心主义与生态中心主义的统一

(一)人类中心主义的脉络

在农耕时代、商品经济早期,技术不发达、供给不足造成市场交易不活跃、消费有限,人与自然的矛盾并不突出。随着工业革命、科技革命、市场经济等带来的资本主义生产和商品交换方式推广到全球,人类对自然的控制愈发明显。人类中心主义有几个鲜明的关键词如"利益至上""控制自然""工具性价值""人是目的,自然是手段"等,表现为一切以人类为中心或尺度、一切从人类出发并服务于人类利益④。西方古典哲学家强调"无理性者只能是物""寂静的沙漠和荒凉的瀑布无价值",进一步渲染了人类中心主义论调。

珍妮纺纱机的出现宣告了工业革命的到来,英国、法国、美国先后完成工业革命,德国通过王朝战争、日本通过明治维新也走上资本主义道

---

① 王雨辰. 习近平"生命共同体"概念的生态哲学阐释 [J]. 社会科学战线, 2018 (2): 1-7.

② 习近平. 习近平谈治国理政:第二卷 [M]. 北京:外文出版社, 2017.

③ 孙爱真. 生态哲学的中国实践:从生命共同体到生态文明体系 [J]. 岭南师范学院学报, 2020, 41 (5): 18-23.

④ 余谋昌. 走出人类中心主义 [J]. 自然辩证法研究, 1994 (7): 8-14, 47.

路。但同时，资本主义生产方式的确立也带来了它的附属品——环境污染。1858 年是英国泰晤士河的"奇臭年"，英国作家狄更斯给伦敦起名为"雾都"。从经济学的视角看，环境是公共产品，具有外部性，属于市场经济失灵的范畴，因此靠市场经济体制本身无法掣肘，而资本主义的社会和阶级属性决定了环境污染无人埋单。

（二）生态中心主义的三阶段

于是，伦理学家们走向了环境治理的另一极：生态中心主义。该理论思潮经历了三个阶段：动物中心主义、生物中心主义、生态中心主义。彼得·辛格的动物解放论、汤姆·雷根的动物权利论共同构成了动物中心主义，该学派只承认部分自然物的价值而不是全体。阿伦·纳斯、德韦尔基于过程、系统和整体提出了生物中心主义，认为大自然作为整体的价值大于部分生物的价值[1]。随后，霍尔姆斯·罗尔斯顿继承了生物中心主义思想，正式提出了生态中心主义理论。他肯定了约翰·穆尔有关"荒野具有价值"的主张，并构建了工具性价值、内在性价值和系统性价值的内涵，从而从伦理学角度肯定了自然本身应该具有的、与人类等同的价值。

（三）"生命共同体"理念对二者的统一

首先，"生命共同体"理念具有整体性和系统性。习近平总书记指出，"山水林田湖是一个生命共同体，人的命脉在田，田的命脉在水，水的命脉在山，山的命脉在土，土的命脉在树"[2]。随后，习近平总书记在论述建立国家公园体制时进一步指出，"坚持山水林田湖草是一个生命共同体"。从生态系统整体及其有机联系上看，人世间的一切都是生命共同体。

其次，生命共同体具有去中心化的理论素养。类似于互联网社区的去中心化，地球是全人类、自然界共同的家园，是自然联合体、大地共同体。在不同阶段、不同节点、不同区域，生态系统具有高度自治、动态平衡的特征。在去中心化的生命共同体中，任何个体都是一个节点，任何个

---

① 杨通进. 动物权利论与生物中心论：西方环境伦理学的两大流派 [J]. 自然辩证法研究，1993，9（8）：54-59.

② 习近平. 习近平谈治国理政：第一卷 [M]. 北京：外文出版社，2018.

体也都可以成为一个中心。任何中心都不是永久的，而是阶段性的，任何中心对节点都不具有强制性[1]。

最后，"生命共同体"理念论证了人类中心主义和生态中心主义在实践基础上的共生与统一关系。人类中心主义以资源消耗、生产力发展为典型特征，以增加人类福祉和利益为目标。同时，习近平总书记指出，"保护环境就是保护生产力，改善环境就是发展生产力"[2]，"良好生态环境是最公平的公共产品，是最普惠的民生福祉"[3]。这种生态生产力、生态民生理念的提出，是对生态中心主义的一种回应，既肯定了环境的重要性，又肯定了生产力发展、人民福祉的重要性，而对生产力、民生福祉的肯定本身就是人类中心主义的视角。

三、"生命共同体"理念对群落生态位与生态中性理论的辩证统一

从地理空间角度看，人类与自然界的空间群落分布及其相互影响十分重要。群落生态位理论假设每个种群或群落都有自身在生态系统中的区位、各取所需，形成了物种共存机制：同一物种不会相互竞争，群落内的不同物种如果要共存则必须有生态位的分化，这一理论被概括为高斯竞争排除法则。生态中性理论则与之相反，该理论假设群落中所有个体在生态学上都是相同的，具有相同的出生率、死亡率、迁移率以及新物种形成的概率[4]。因此，该理论认为生态学上归类相同的物种可以在同一生态位共存，其共存的方式取决于迁入、迁出、死亡等因素，是适者生存竞争法则作用的结果。

正如专家们指出的，生态学是管理大自然的经济学。从经济学的竞争与合作的角度看，群落生态位可以看成是群落内生物合作的结果，区位稳定后互不干扰。生态中性可以看成是群落内生物竞争的结果，这种竞争长

---

① ALEX R. IT strategy review, distributed computing-rough draf [M]. [S. l.: s. n.], 1995.

② 习近平. 习近平谈治国理政：第二卷 [M]. 北京：外文出版社，2017.

③ 中共中央文献研究室. 习近平关于全面建成小康社会论述摘编 [M]. 北京：中央文献出版社，2016.

④ 周淑荣，张大勇. 群落生态学的中性理论 [J]. 植物生态学报，2006，30（5）：868-877.

期存在，因此群落内的物种总是随机分布，具有不确定性①。显然，在生命共同体中，这种竞争与合作关系是长期存在的。国家主席习近平在《生物多样性公约》第十五次缔约方大会领导人峰会上指出："万物各得其和以生，各得其养以成。"② 这就是说，自然万物各自得到阴阳形成的和气而产生，各自得到相应的滋养而成长。这里阴阳和气蕴含了我国传统文化的精髓，是对立统一、相互转化的关系，通过阴阳和气最终万物各自获得生长和发展。

"生命共同体"理念蕴含生物多样性原理于其中，生物多元、多样、多姿多彩的分布使地球充满生机，使人类的生存和发展得以延续。因此，保护生物多样性有助于维护地球家园，促进人类可持续发展。从自然的经济学角度看，既要保护竞争又要保护合作。"生命共同体"理念运用马克思主义唯物辩证法，实现了对群落生态位与生态中性理论的辩证统一，为生物多样性的发展提供了新的理论视角。

四、三重辩证统一关系的价值意蕴

（一）理论价值一：塑造人类对自然价值的再认识

从人与自然统一的视角看，我国各项政策决策都要站在尊重自然、顺应自然、保护自然的角度来制定和实施。以往我们只重视常规的 GDP 核算，忽视了生态资源的价值。改革开放的窗口——深圳已经开始了绿色 GDP 核算，《深圳市 2020 年度生态系统生产总值（GEP）核算报告》显示，该值为 1 303. 82 亿元，其中物质产品价值 23. 55 亿元，调节服务价值 699. 52 亿元，文化旅游服务价值 580. 75 亿元③。

---

① HUBBELL S P. Tree dispersion, abundance, and diversity in a tropical dry forest [J]. Science, 1979, 203: 1299-1309.

② 习近平在《生物多样性公约》第十五次缔约方大会领导人峰会上的主旨讲话（全文）[EB/OL]. (2021-10-12) [2023-08-23]. http://www.gov.cn/xinwen/2021/10/12/content_5642048.htm.

③ 深圳市生态环境局、深圳市统计局、深圳市发展和改革委员会联合发布深圳市 2020 年度生态系统生产总值（GEP）核算结果 [EB/OL]. (2021-10-22) [2023-08-23]. http://www.sz.gov.cn/szzt2010/wgkzl/jcgk/jcygk/zdzcjc/content/mpost_9283652.html.

从人类中心主义与生态中心主义统一的视角看，我国要重视以自然要素凝结的生态产品的生产。根据党的十八大报告的语境，原环保部环境与经济政策研究中心主任夏光认为："生态产品是指满足人类生活和发展需要的各种产品中那些与自然生态要素或生态系统有比较直接关系的产品，例如能提供或生产清洁的水和空气的产品，能满足健康生活要求的食品，有利于人们身心健康发展的自然生态系统服务等。"① 党的十九大报告指出，我国社会主要矛盾已经转化为人民日益增长的美好生活需要和不平衡不充分的发展之间的矛盾。这在生态领域主要表现为生态产品的供应极不平衡、极不充分。生态产品短缺已经成为影响全面建成社会主义现代化强国的"短板"。

从群落生态位与生态中性理论统一的视角看，生物多样性保护迫在眉睫。2021 年 10 月，中共中央办公厅、国务院办公厅印发了《关于进一步加强生物多样性保护的意见》，提出了持续优化生物多样性保护空间格局的措施：在国土空间规划中统筹划定生态保护红线，科学构建促进物种迁徙和基因交流的生态廊道；统筹考虑生态系统完整性、自然地理单元连续性和经济社会发展可持续性，统筹推进山水林田湖草沙冰一体化保护和修复；优化建设动植物园、濒危植物扩繁和迁地保护中心等各级各类抢救性迁地保护设施等②。

（二）理论价值二：凸显人的自由而全面发展中的环境之义

从人与自然统一的视角看，致力实现人的全面发展是马克思主义政党的鲜明特征，也是中国特色社会主义的目标。生态学马克思主义者约翰·贝拉米·福斯特指出，中国正在开创性地建设一种崭新的生态文明，这种文明摒弃了西方国家以资本为中心的政权模式③。当前，推进经济建设、政治建设、文化建设、社会建设和生态文明建设"五位一体"总体布局箭

---

① 夏光.建设生态文明，促进绿色发展［EB/OL］.（2013-02-05）［2023-08-23］.http://theory.people.com.cn/n/2013/0205/c107503-20431371.html.

② 中共中央办公厅 国务院办公厅印发《关于进一步加强生物多样性保护的意见》［EB/OL］.（2021-10-19）［2023-08-23］.http://www.gov.cn/zhengce/2021-10/19/content_5643674.htm.

③ 福斯特.国际论坛：中国创建属于自己的生态文明［EB/OL］.（2015-06-11）［2023-08-23］.http://theory.people.com.cn/n/2015/0611/c49154-27137887.html.

在弦上。党的十九届六中全会提出，推动人的全面发展、全体人民共同富裕取得更为明显的实质性进展。

从人类中心主义与生态中心主义统一的视角看，正如习近平总书记指出的，要"把人民对美好生活的向往作为奋斗目标"。当前，人民对美好的生态环境也有着巨大的需求。习近平总书记强调，"小康全面不全面，生态环境质量很关键""环境就是民生，青山就是美丽，蓝天也是幸福"。要像保护眼睛一样保护生态环境，像对待生命一样对待生态环境，推动形成绿色发展方式和生活方式，协同推进人民富裕、国家强盛、中国美丽①。

从群落生态位与生态中性理论统一的视角看，我国要全面推动公众参与生物多样性保护的措施落实。首先是加强对公众的宣传教育，对各级政府、企事业单位、社会组织等加大培训宣传力度，尤其是开展生物多样性保护公益宣传，推动各类有警示和教育作用的场馆面向公众开放，让公众树立"没有买卖就没有伤害"的意识，自觉加入生态保护行动中。其次是完善公众激励机制，鼓励公众和社会组织积极针对滥捕滥伐、非法交易、污染环境等导致生物多样性受损的违法行为提供线索。最后是通过舆论和媒体监督，强化对公众的信息公开，畅通公益诉讼渠道，提供司法救助和司法保障，最终让参与的公众能获得真正的收益，从而勇敢站出来保护我们共同生活的地球。

总之，习近平总书记提出的"生命共同体"理念为塑造人类对自然价值的再认识、实现人类自由而全面的发展提供了新的理论支撑，为构建人与自然和谐的生态经济体系奠定了认识论基础，把人与自然关系的认识推向了新的哲学高度。"生命共同体"理念体现了辩证唯物主义思想的新高度，为指导我国构建人与自然共生的和谐社会、实现碳中和目标提供了坚实的理论保障。

---

① 习近平. 环境就是民生，青山就是美丽，蓝天也是幸福 [EB/OL]. (2018-07-13) [2023-08-23]. https://www.mee.gov.cn/home/ztbd/gzhy/qgsthjbhdh/qgdh_zyjh/201807/t20180713_446578.shtml.

第三节　生态文明体系

一、生态文明的概念和内涵

生态文明是伴随文明层次的演进而出现的。从原始文明、农业文明、工业文明到生态文明，经历了漫长的历史过程。原始文明诞生于石器时代，人类依靠集体的力量生存下来，历经百万年。农业文明以小农经济为代表，历时几千年。工业文明自工业革命以来，不超过 300 年。文明层次的推进依赖于人们使用工具的能力，尤其是科学技术在其中有着重大贡献。众所周知，工业文明创造了丰富的产品和服务，把人类的物质和精神需求推向新的高度。

工业文明的典型后果是生态环境恶化，1867 年马克思、恩格斯主张从社会制度和生产方式入手来解决人与自然的冲突，借以实现人与自然之间、人与人之间的和解。对"生态文明"提法的追溯，最早源于《莫斯科大学学报·科学共产主义》1984 年第 2 期发表的文章——《在成熟社会主义条件下培养个人生态文明的途径》。这一论断可以被认为是社会主义社会中生态文明理念的开端。1986—1987 年，叶谦吉定义了"生态文明"的概念，刘思华提出了物质文明、精神文明、生态文明协调发展的理念。1995 年，罗伊·莫里森在《生态民主》一书中，明确使用了"生态文明"（ecological civilization）概念，认为"工业文明"之后将是"生态文明"。这一论断可以被认定为资本主义社会中生态文明理念的开端。进入 21 世纪，生态文明建设的紧迫性日益增强。2002 年世界首脑会议明确提出，经济发展、社会进步、环境保护，是可持续发展的"三大支柱"。2007 年姬振海提出了生态文明的四层次论：意识文明、行为文明、制度文明、产业文明。2009 年廖福霖提出，资源问题、环境问题和生态问题可以从消费观念上寻求破解路径。他还提出用生态文明的理念和方法指导工业化，加速发展生态生产力。

同时，从党和国家的层面看，最早是党的十七大报告提出了"生态文明"概念。2012 年习近平总书记进一步指出，应该把生态文明上升到人类文明形态的高度，提出"生态兴则文明兴，生态衰则文明衰"的重要论断。党的十八大将"生态文明"写进党章，是世界上首次将生态文明建设纳入执政党的行动纲领。从总体上看，生态文明是工业文明之后在人、自然、社会和谐发展方面取得成果的文明形态。

二、生态文明体系的提出

生态学和生态哲学的研究一般基于系统论和整体论的方法，要探索生态文明的体系和框架也必须这么做。全世界对生态文明体系和框架的研究很少，现有文献多数是分散表达生态文明的相关架构。福斯特认为，中国正在开创性地建设一种崭新的生态文明，摒弃了西方国家以资本为中心的政权模式①。

当前，社会主义生态文明是在新时代中国特色社会主义的制度框架下形成的，与习近平新时代中国特色社会主义思想一脉相承，反映了新时代我国社会主要矛盾的变迁。以往社会主要矛盾的表述为：人民日益增长的物质文化需要同落后的社会生产之间的矛盾。这体现了生产力至上的思路。新时代我国社会主要矛盾是：人民日益增长的美好生活需要和不平衡不充分的发展之间的矛盾。这体现了生产力与生产关系并行的视角。在我国已成为世界第二大经济体的背景下，新时代更要重视生产关系中不适应生产力的要素并加以改进，其中以环境问题为首。新时代我国社会主要矛盾在生态领域的典型特征是：人们日益增长的优美生态环境需要与更多优质生态产品的供给不足之间的矛盾。

基于对生态问题的长期思考，2018 年 5 月习近平总书记在全国生态环境保护大会上首次提出加快构建生态文明体系。这包括以生态价值观念为准则的生态文化体系，以产业生态化和生态产业化为主体的生态经济体

---

① 福斯特. 国际论坛：中国创建属于自己的生态文明 [EB/OL]. (2015-06-11) [2023-08-23]. http://theory.people.com.cn/n/2015/0611/c49154-27137887.html.

系，以改善生态环境质量为核心的目标责任体系，以治理体系和治理能力现代化为保障的生态文明制度体系，以生态系统良性循环和环境风险有效防控为重点的生态安全体系。本书称其为生态"五位一体"战略。

第四节　人与自然和谐共生

管理学的产品生命周期理论，曾把产品分为引入期、成长期、成熟期、衰退期。人与自然事实上也是某种"产品"，从时间维度看，人生也可以分为生命的诞生、每天的具体生活、生存的状态、生命的消亡四个阶段，如图 4.2 所示。在人与自然共存的生命共同体中，二者的竞合关系如何？如何做到和平共处？

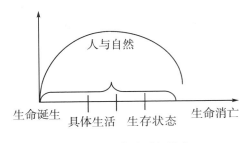

图 4.2　生命的时间维度

一、人与自然和谐共生的提出过程

2013 年 5 月，习近平总书记在十八届中央政治局第六次集体学习时的讲话中提出："生态文明是工业文明发展到一定阶段的产物，是实现人与自然和谐发展的新要求。"2015 年 10 月，党的十八届五中全会通过的《中共中央关于制定国民经济和社会发展第十三个五年规划的建议》中提出："促进人与自然和谐共生。"2017 年 1 月，国家主席习近平出席世界经济论坛 2017 年年会后在访问联合国日内瓦总部时的演讲中提出："人与自然共生共存，伤害自然最终将伤及人类。"在党的十九大报告中，习近平总书记强调把"坚持人与自然和谐共生"作为新时代坚持和发展中国特色社会主义基本方略之一。党的二十大报告指出，中国式现代化是人口规模巨大的现代化，是全体人民共同富裕的现代化，是物质文明和精神文明相协调的现代化，是人与自然和谐共生的现代化，是走和平发展道路的现代化。显然，人与自然和谐共生是中国式现代化的生态表征。

中国式现代化是中国共产党领导的社会主义现代化，阶级属性决定了我国生态治理的基本原则：坚持党的领导、坚持社会主义制度。构建有效市场与有为政府"双轮驱动"的生态治理格局，已成全球共识。福斯特指出，马克思明确定义了社会主义符合发展生态社会或生态文明的条件，即人类与自然之间进行合理的"新陈代谢"。中国开创性地建设了一种新的生态文明，进一步摒弃西方国家那种以资本为中心的政权模式——这种模式恰恰要为今天的生态困境负责①。

二、人与自然何以共生？——"生命共同体"理念

习近平总书记对人与自然共生的理论贡献主要体现在"生命共同体"理念上。"生命共同体"理念明确了生态哲学的研究对象、丰富了马克思主义中"人—自然—社会"关系的理论，为塑造人类对自然价值的再认识、实现人类自由而全面的发展提供了新的理论支撑。

习近平总书记在提出"生命共同体"理念之前，对人与自然的关系已有诸多概括。2013年11月，习近平总书记在党的十八届三中全会上作关于《中共中央关于全面深化改革若干重大问题的决定》的说明时指出："我们要认识到，山水林田湖是一个生命共同体，人的命脉在田，田的命脉在水，水的命脉在山，山的命脉在土，土的命脉在树。"② 2017年7月，在中央全面深化改革领导小组第三十七次会议上，习近平总书记在论述建立国家公园体制时说，"坚持山水林田湖草是一个生命共同体"③。2021年

① 福斯特. 国际论坛：中国创建属于自己的生态文明［EB/OL］.（2015-06-11）［2023-08-24］. http://theory.people.com.cn/n/2015/0611/c49154-27137887.html.
② 习近平. 习近平谈治国理政：第一卷［M］. 北京：外文出版社，2018.
③ 习近平. 习近平谈治国理政：第二卷［M］. 北京：外文出版社，2017.

全国两会期间，习近平总书记在参加内蒙古代表团审议时指出，"要统筹山水林田湖草沙系统治理"，这进一步拓展了生命共同体的内涵。实际上，这里"山水林田湖草沙"的内涵不只是这七类生态资源自身，还包含了在七类生态资源内部生存的所有生物体。比如，山里居住的人类、动物、植物，水里的海洋生物等。

习近平总书记提出的"生命共同体"理念继承了马克思、恩格斯关于人与自然关系的思想，并进一步揭示了人与自然的辩证统一关系：以"山水林田湖草沙"为代表的生态系统是人类生存与发展的基础；"山水林田湖草沙"所承载的人类、动物、植物等生命体是相互联系、相辅相成、互为依赖的；各生命体是平等存在的，谁也离不开谁，缺少任一个体都会影响生态系统良性运转，并最终导致灾难。

2017 年 10 月，党的十九大报告正式提出"人与自然是生命共同体"，强调人类要尊重自然、顺应自然、保护自然。之后，习近平总书记在不同场合多次强调"人与自然是生命共同体"这一观点，并进一步提出要深化对人与自然生命共同体的规律性认识。

三、人与自然如何和谐？——建设生态文明体系

在庆祝中国共产党成立 100 周年大会上，习近平总书记明确指出："我们坚持和发展中国特色社会主义，推动物质文明、政治文明、精神文明、社会文明、生态文明协调发展，创造了中国式现代化新道路，创造了人类文明新形态。"

五个文明相协调，共同铸就了生态文明体系的架构。其中，生态文化体系是基础，生态经济体系是关键，目标责任体系是抓手，生态文明制度体系是保障，生态安全体系是底线①。

（一）精神文明与生态文明相协调——生态文化体系

我国经过新民主主义革命时期、社会主义革命和建设时期、改革开放和社会主义现代化建设新时期、中国特色社会主义新时代，社会主义核心

---

① 任勇. 加快构建生态文明体系 [J]. 求是，2018（13）：50-51.

价值观已根本树立，尊重自然、顺应自然、保护自然，像保护眼睛一样保护生态环境，像对待生命一样对待生态环境的社会主义生态文明观已根本树立。把社会主义核心价值观与生态文明观有机结合，自然形成了社会主义生态价值观，这是我国生态文化体系的内核。

从国际上看，生态价值观涵盖生态的功能价值、生态的伦理价值两个方面。法兰克福学派威廉·莱斯在《自然的控制》中认为，"控制自然"是人类的共识①，这是生态功能价值的体现。然而世界八大公害事件的出现等让人类重新审视自然本身的价值，于是自然价值论出现②，这是生态伦理价值的体现。

在社会主义的制度属性下，我国生态价值观实现了生态功能价值与伦理价值的统一，最终形成了一种社会主义生态文化体系。

（二）物质文明与生态文明相协调——生态经济体系

物质文明建设是促进生产力发展的重要推手，生态文明建设则要求环境污染最小化，二者有机结合就要求发展生态经济。生态经济体系是生态文明建设的物质基础。保护生态环境就是保护生产力，改善生态环境就是发展生产力。陶表红、焦庚英指出，生态经济体系分为生态经济产业体系和区域生态经济体系③。许新桥把生态经济体系划分为生态经济产业体系、生态经济支撑评价体系两个部分④。习近平总书记指出，要构建以产业生态化和生态产业化为主体的生态经济体系⑤。

（三）政治文明与生态文明相协调——目标责任体系

政治文明是人民当家作主的体现，我们要通过依法治国与以德治国的有机结合实现有效施政，通过政府治理水平和能力提升达成政治文明建设的各项指标和要求。加入生态文明因素后，以政府治理为载体的政治文明

① 莱斯.自然的控制［M］.岳长龄，李建华，译.重庆：重庆出版社，1993.

② 李勇强，孙道进.生态伦理证成的困境及其现实路径［J］.自然辩证法研究，2013，29（7）：73-77.

③ 陶表红，焦庚英.江西生态经济体系的构建分析［J］.求实，2010（1）：56-59.

④ 许新桥.生态经济理论阐述及其内涵、体系创新研究［J］.林业经济，2014（8）：48-51.

⑤ 习近平出席全国生态环境保护大会并发表重要讲话［EB/OL］.（2018-05-19）［2023-08-24］.http://www.gov.cn/xinwen/2018-05-19/content_5292116.htm.

建设更加强调治理效能，强调建立目标责任和绩效考核体系，以实现政治文明与生态文明的双赢。以改善生态环境质量为核心的目标责任体系，能强化政府对生态保护的监管责任，使政府机构及其工作人员树立绿色政绩观，加强责任担当，通过科学考评体系实现对生态环境的全面监控和督导。

（四）社会文明与生态文明相协调——生态文明制度体系

社会文明是社会领域的进步程度和社会建设的积极成果，以社会制度文明、社会行为文明等规范为主体。抓好生态文明体制改革和制度建设，必须以生态领域治理体系和治理能力现代化为保障。社会建设成果的巩固能提升全民爱护环境、保护生态的意识，从而为生态文明的制度体系提供最广泛的参与主体。越来越多人认同的生态保护相关规范和行为可以进一步从道德层面过渡到制度建设层面，从而巩固制度建设成果，夯实生态保护的制度根基。

（五）生态文明的根基和底线——生态安全体系

生态文明，是人类文明发展的新高度，是工业文明之后的文明形态，是人与自然、人与人、人与社会和谐相处的文明形态。要构建新型文明形态，就要筑牢新型文明的根基，在确保生态安全的前提下实现生态文明与精神文明、物质文明、政治文明、社会文明的协调。我们要以生态系统良性循环和环境风险有效防控为重点，通过闭环管理把生态环境风险纳入常态化管理，系统构建全过程、多层级生态环境风险防范体系，保障生态领域不发生系统性风险。

习近平总书记提出的生态文明体系，回答了在新时代要解决哪些生态困难、建设什么样的文明社会的问题。生态文明体系构建的核心目标是改善生态环境质量，凸显了人民性，民众的最大关切就是政府执政的最大目标，这一目标是其他目标的统领。在思想观念方面，全社会要形成生态价值观念，社会成员要认同生态自身的价值和对人类的功能与作用，自觉地尊重自然、保护自然，社会各界要发挥主观能动性、形成合力；在经济运营层面，要实现"传统产业（对环境产生负外部性）的生态化和清洁化、生态产品（对环境产生正外部性）的产业化"并行推进；在政府治理方面，尤其要加强治理体系和治理能力现代化；在风险防控方面，主要是实现生态系统的良性循环。

四、人与自然和谐共生的理论体系总体框架

习近平总书记重塑了经济社会发展与生态保护的对立统一关系，明确了以碳中和为目标、以碳达峰为约束、"五个文明"相互协调的生态文明体系总体框架，在人与自然共存的生命共同体中，创新性地建构了人与自然和谐共生的理论体系（见图 4.3）。

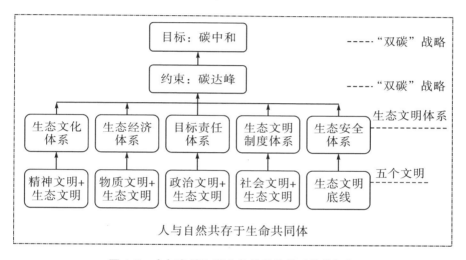

图 4.3　人与自然和谐共生的理论体系总体框架

在上述理论体系中，"双碳"战略为生态文明体系设定了阶段性目标和定量化指标，即美丽中国建设"三步走"的战略目标：到 2020 年坚决打好污染防治攻坚战，全面建成小康社会；加快构建生态文明体系，确保到 2035 年，生态环境质量实现根本好转，美丽中国目标基本实现；到 21 世纪中叶，生态文明全面提升，绿色发展方式和生活方式全面形成，人与自然和谐共生，生态环境领域国家治理体系和治理能力现代化全面实现，建成美丽中国[1]。

---

① 习近平. 习近平谈治国理政：第三卷 ［M］. 北京：外文出版社，2020.

第五节　习近平总书记对生态哲学的理论贡献

基于中国在生态领域的实践，习近平总书记以经济发展与环境保护的微观视角为切入点，提出了"两山论"、"生命共同体"理念和生态文明体系等，体现了马克思主义中"人—自然—社会"关系的理论，发挥了社会主义市场经济体制解决生态问题的优势，完善了生态哲学的研究对象，是生态哲学发展的新高度，解决了生态哲学一直面临难以融入主流哲学的困境。

习近平总书记对生态哲学的理论贡献主要体现在"生命共同体"理念上。该理念继承了马克思主义的人与自然观并进一步发展，从生态哲学、伦理学、生态学的维度实现了三重辩证统一关系：人与自然的辩证统一、人类中心主义与生态中心主义的辩证统一、群落生态位与生态中性理论的辩证统一。"生命共同体"理念为塑造人类对自然价值的再认识、实现人类自由而全面的发展提供了新的理论支撑，为构建人与自然和谐的生态经济体系奠定了认识论基础。

一、丰富了马克思主义中"人—自然—社会"关系的理论

马克思指出，"社会是人同自然界的完成了的本质的统一"，体现了"人—自然—社会"的高度统一性。人的社会性借助实践这个中介被充分挖掘，通过人的对象性劳动体现出来，是人类与自然协同生成的过程。生态哲学的中国实践，立足于 14 亿多人口，立足于约 960 万平方千米的国土空间，立足于中国人的生存发展权，是马克思主义中国化的重要成果。

"生命共同体"理念，蕴含着我国自古以来"天人合一"的朴素智慧，体现了马克思主义中"人—自然"关系的理论。"山水林田湖草沙"是我国生态系统的主要载体，承载着动植物等生命有机体的自循环，必须加强持续性的保护。生态文明体系是在生态文明社会中建构的，是原始文明、

农业文明、工业文明之后的产物，体现了马克思主义中"自然—社会"关系的理论。因此，习近平总书记提出的"生命共同体"理念、生态文明体系等，具有高度的整体性和统一性，丰富了马克思主义中"人—自然—社会"关系的理论。"人—自然—社会"的生态逻辑演绎见图4.4。

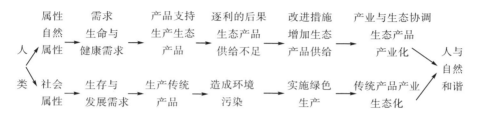

图4.4 "人—自然—社会"的生态逻辑演绎

二、明确了生态哲学的研究对象

在研究对象层面，当前生态哲学的研究对象仅仅被表述为"人与自然的关系"是不够的，该说法没有明确人与自然间究竟是什么关系，因此需要进一步深化。传统哲学遵循黑格尔的理念："以思想、普遍者为内容，而内容就是整个的存在。"而生态哲学面对的则是实实在在的自然界、人类及生态系统。从本质上看，人类都是脱胎于自然界的。因此，笔者认为生命共同体应该成为生态哲学的研究对象，它指明了人与自然关系的本质。

基于对研究对象的深刻认知，在运行机制层面，本书认为保护好生命共同体，需要从战略上建立一个生态文明社会，全球各国要从原始文明、农业文明、工业文明过渡到生态文明。这个社会追求人、自然与社会的和谐相处，其实现路径和机制可以从目标、思想观念、经济运营、政府治理、风险防控五个方面加以落实，即习近平总书记提出的生态"五位一体"战略。

三、发挥了社会主义的制度优势

当前，中国是社会主义制度的坚定拥护者、实践者和领航者。社会主义的最大优势是集中力量办大事，尤其是市场经济不能调节的公共产品领域——生态困境。生态哲学的中国实践，凸显了党和国家以及整个社会对生态问题的重视、对生态治理的决心、对生态保护的国家意志。从组织层面看，社会主义市场经济体制有效结合了民主与集中、市场与政府、自下而上与自上而下，形成了全社会合力。从单个人到所有人，从单个生命到所有生命，整个中国形成了生态环保的热潮。正如福斯特所预言，建立属于我们自己的生态文明社会，已经在路上。

第五章　生态经济体系的提出

第一节　生态经济体系提出的背景

经济发展与环境保护的二元对立统一关系，一直是生态经济学研究的热点话题。一些国家走上"资源诅咒"曲线道路，短期获得了经济增长，长期则造成了不可逆的生态破坏。而以美国、日本为代表的国家呈现出库兹涅茨提出的倒"U"形曲线，实施先污染后治理模式，污染物排放与经济增长之间呈现出先上升后下降的关系。如何制定一种经济范式，以实现生态与经济并行并重？习近平总书记提出的生态经济体系给出了答案。

一、全球生态经济和贸易发展的新趋势

目前，全球生态经济和贸易发展领域出现了新的趋势。2015 年的《巴黎协定》开启了全球碳达峰碳中和的序幕，该协定首次明确提出"在本世纪下半叶实现温室气体源的人为排放与清除之间的平衡"。2018 年 10 月，IPCC 审议通过了《全球 1.5 ℃增暖特别报告》，提出将温升幅度控制在 1.5 ℃的目标，据此测算全球各国必须在 2050 年前后实现净零排放。随后，多数发达经济体提出 2050 年实现碳中和的目标，尤其是后工业化发展较早、第三产业比重较高的美国、欧盟等。美欧正在着手制定碳边境调节机制（CBAM），中国出口欧美的高碳产品可能面临更多贸易壁垒。

事实上，我国经济发展中的"碳流"长期被忽视。在实体经济中，长

期存在以供应商（S）、制造商（M）、分销商（R）、需求方（D）为参与主体的供应链，我们经常强调的有"四流"——商流、物流、信息流、资金流。上述"四流"主要是基于经济活动的概念，对经济活动的负外部性——环境影响并未涉及，因此"碳流"从未被列入其中（见图 5.1）。

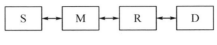

图 5.1 "四流"的供应链

有了环境因素考量，经济目标将调整为利润最大化、成本最小化、碳排放最小化三个方面，这是一个更加复杂的多目标优化问题。建构包含碳流的"五流"供应链，在新形势下尤为紧迫。从本质上讲，如果一条供应链所创造的经济效益、社会效益之和低于生态损害，那么这条供应链就不是环境友好的。

二、时代背景：新时代生态与经济的定位

新时代人与自然的和谐主要体现在生态与经济的定位上（见图 5.2）。习近平总书记提出的生态经济体系以现代化经济体系与生态文明体系为底色，是一种新型模式，反映了新时代背景。

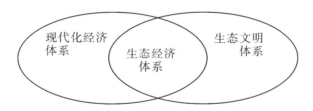

图 5.2 新时代生态与经济的定位

（一）生态经济体系是现代化经济体系的重要一环

现代化经济体系具有六大特征：更高的经济水平，更高质量的经济增长方式，更平衡的区域和城乡发展格局，更完善的市场经济体制，更全面的对外开放，更完善的现代化产业体系、空间布局结构。我国的现代化经济体系是 1978 年改革开放、1992 年社会主义市场经济体制、2001 年加入

WTO、2013 年提出共建"一带一路"倡议等众多方针政策综合作用的结果，体现了我国经济文明发展的新高度，也是我国对人类经济社会发展作出的巨大贡献。

党的十九大报告指出："我国经济已由高速增长阶段转向高质量发展阶段，正处在转变发展方式、优化经济结构、转换增长动力的攻关期，建设现代化经济体系是跨越关口的迫切要求和我国发展的战略目标。"① 我国要建设的现代化是人与自然和谐共生的现代化，绿色发展是构建高质量现代化经济体系的必然要求，因此生态经济体系是现代化经济体系的必然一环。

（二）生态经济体系是生态文明体系的重要组成部分

习近平总书记提出要加快构建生态文明体系。生态文明体系包括以生态价值观念为准则的生态文化体系，以产业生态化和生态产业化为主体的生态经济体系，以改善生态环境质量为核心的目标责任体系，以治理体系和治理能力现代化为保障的生态文明制度体系，以生态系统良性循环和环境风险有效防控为重点的生态安全体系。生态经济体系是生态文明体系的重要组成部分。

三、理论背景：生态经济体系源于习近平生态文明思想

（一）体现了"两山论"的基本原则

习近平总书记提出的生态经济体系体现了"两山论"的基本原则，这里"绿水青山"指的是生态的哲学抽象，"金山银山"指的是经济（产业）的哲学抽象。"既要绿水青山，又要金山银山"，反映了马克思主义的辩证唯物主义原理。产业生态化和生态产业化两者相辅相成、缺一不可。两者共同构成了习近平总书记解决新时代生态困境的思维逻辑，体现了"宁要绿水青山，不要金山银山"的生态本位意识、"既要绿水青山，又要金山银山"的生态效益意识、"绿水青山就是金山银山"的生态服务意识。在

---

① 习近平.决胜全面建成小康社会 夺取新时代中国特色社会主义伟大胜利：在中国共产党第十九次全国代表大会上的报告［EB/OL］.（2017-10-27）［2023-08-25］. http://www.gov.cn/zhuanti/2017-10/27/content_5234876.htm.

国外，耶鲁大学丹尼尔·埃斯蒂教授和安德鲁·温斯顿教授出版了《从绿到金——聪明企业如何利用环保战略构建竞争优势》，书中同样描绘了"绿水青山"与"金山银山"的关系，但仅限于企业战略视角。

（二）体现了生命共同体的深刻内涵

从自然界内部看，山、水、林、田、湖、草、沙是一个有机的生命共同体。政府有义务为公众提供一个良好的生态环境，正如习近平总书记所说："良好生态环境是最公平的公共产品，是最普惠的民生福祉。"公共产品作为国有资产，具有保值增值的责任和义务。过去许多年中，政府更多关注的是经济指标 GDP，而不是生态指标 GEP，对生态领域的投入不够、机制不活、效果不佳。习近平总书记提出的生态产业化思路，为国有资产的保值增值、为公共产品的高质量发展提供了市场化解决方案。因此，习近平总书记提出的生态经济体系具有自然界内部"生命共同体"理念的深刻内涵。

从人与自然的关系看，党的十九大报告指出"人与自然是生命共同体"。事实上，人类活动的基础是经济活动，经济人行为是多数人的行为准则，社会人、复杂人、权变人都是经济人假设的衍生品。生态与经济是人与自然的微观描述，是更具哲学意义的有关主体客体的表达，因此二者是有机统一的。生态经济体系反映了生命共同体思维，具有统筹生态保护与经济发展、二者一体化推进的特征。

（三）是生态文明体系的物质基础

生态文明体系涵盖制度体系、目标责任体系、安全体系、文化体系、经济体系五个方面，而生态经济体系是生态文明体系的经济基础。没有了经济基础，上层建筑将是空中楼阁。

习近平总书记指出，要坚持"绿水青山就是金山银山"的绿色发展观，贯彻新发展理念，以产业生态化和生态产业化为主体，大力发展环保经济、低碳经济、绿色经济、循环经济等生态经济，促进地方经济发展与生态环境的和谐，实现百姓富、生态美的有机统一。要坚持绿色发展为本。要大力推进产业发展生态化，按照绿色化的要求优化空间格局、产业结构、生产方式、消费模式，加快产业转型升级，实现地方生态环境明显改善。要大力推进生态建设产业化，运用产业化的办法抓生态项目建设，使生态建设转化为生态经济。

四、实践背景：新时代社会主要矛盾在生态领域有重要体现

新时代我国社会主要矛盾体现了生产力与生产关系并行的视角。在我国成为世界第二大经济体的背景下，新时代更要重视生产关系中不适应生产力的要素，并加以改进。

（一）人民对美好的生态环境有着巨大的需求

在全面建成小康社会的进程中，习近平总书记始终强调，"小康全面不全面，生态环境质量很关键"。我国的环境污染和生态平衡遭到破坏的情况一度较为严重。从东北的松花江流域到南方的珠江流域，部分河流和湖泊不同程度地受到污染。不合理的围湖造田使湖泊的面积缩小，森林或草原破坏导致沙漠化。人民对美好的生态环境有着巨大的需求。

（二）当前生态产品的供应极不平衡、极不充分

生态产品短缺已经成为影响全面建成社会主义现代化强国的"短板"。正如夏光所指出的，"日益增加的经济发展对资源环境的压力与我国有限和脆弱的生态环境承载力之间的矛盾"也可以作为我国社会主要矛盾的表述①。尤其是公共生态产品②，在密集的城市中人均占有量极低，而稀疏的农村中人均占有量极高。这种城乡之间公共生态产品的不均衡广泛存在，相比于收入、养老、教育、住房等其他要素的显性化，公共生态产品的不均衡受到的关注仍然不够。

---

① 夏光. 拓展我国社会主要矛盾的表述［J］. 环境与可持续发展，2015，40（1）：1.
② 这里指经济学意义上的、生态学意义上的、不具有排他性的公共产品，以干净的水、新鲜的空气、阳光、气候等为代表。

第二节 生态经济体系的内涵、特点及基础结构

一、生态经济体系的内涵

生态经济体系以产业生态化和生态产业化为主体。习近平总书记指出，要构建以产业生态化和生态产业化为主体的生态经济体系，促进一、二、三产业融合发展，让生态优势变成经济优势。"产业生态化和生态产业化"，第一个"产业"是指有污染的传统产业，第二个"产业"不能单独拆分，要理解为"产业化"。"产业化"是指经营方式和组织形式，主要是指规模化、市场化。同样，第一个"生态"也不能单独拆分，要理解为"生态化"。"生态化"是指清洁化、绿色化。第二个"生态"是指生态资源或生态产品。

二、生态经济体系的特点

首先，产业生态化是面向部分产业的生态化。这里的产业是指有污染的传统产业。

其次，产业生态化只是部分生态要素的产业化。因为不是所有的生态要素都能采用市场机制。

再次，"产业生态化和生态产业化"是一个优化问题，是对同时满足生态环境和产业发展两大目标进行优化的问题。

最后，"产业生态化和生态产业化"最终是为民众提供私人产品，私人产品具有竞争性和排他性，主要靠市场机制来实现。

三、生态经济体系的基础结构

如前所述，生态经济体系的主体是产业生态化和生态产业化，二者要依靠市场机制，通过产业与生态的良性循环来实现。显然，良性循环的实现需要政府的主导、消费者的参与。因此，生态经济体系的基础结构应该

涵盖市场、政府、消费者三个参与方（见图5.3）。

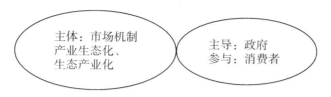

图5.3　生态经济体系的基础结构

第三节　生态经济体系建设要处理好的四大关系

建设生态经济体系要处理好四大关系，即政府与市场、发展与减排、整体利益与局部利益、短期目标与长期目标的关系。

一、政府与市场的关系

政府配置与市场配置是资源配置的两种主要形式，政府多一点还是市场多一点取决于配置的效率，取决于发展战略，取决于发展目标等。习近平总书记提出的生态经济体系以产业生态化和生态产业化（市场机制）为主体，也隐含了以政府为主导的思路，因为习近平总书记多次强调"要推动有效市场和有为政府更好结合"。

二、发展与减排的关系

坚持既要经济增长又要环境保护的发展思路，就需要处理好发展与减排的关系，在发展中做到减排，在减排中促进发展，实现螺旋式上升。产业生态化、生态产业化基于产业与生态共赢的思路，就是处理发展与减排二者关系的典型模式。

三、整体利益与局部利益的关系

政府、生产者、消费者是社会的三大利益相关主体。生产者通过提供产品和服务满足了社会需求，但也在一定程度上提供了污染物，是减排主体。从经济学理论看，污染属于典型的外部性产物，是企业局部利益推动带来的结果。出于财政收入考虑，地方政府也在一定程度上和企业的局部利益相关。因此，维护以消费者为主体的社会公共利益、整体利益至关重要。处理好局部利益和整体利益的关系是生态经济体系建设的重要方面。

四、短期目标与长期目标的关系

当前，节能减排、保护生态成为国际共识，我国正在推进"双碳"战略，其中降碳减污是关键。碳达峰是短期目标，力争 2030 年前实现；碳中和是长期目标，力争 2060 年前实现。处理好短期与长期的关系，就要在生态经济体系建设中考虑"双碳"因素，把"双碳"建设纳入生态文明建设整体布局。

第六章 "双碳"战略与生态经济体系的关系

第一节 中国"双碳"战略的基本情况

一、碳达峰碳中和的概念与内涵界定

碳达峰是指特定时间区间内化石燃料使用导致的二氧化碳排放总量达到最大值。截至 2020 年底,全世界已有 54 个国家和地区实现了碳达峰,分为自然达峰型、经济波动与衰退型、政策驱动型等三种达峰类型,我国属于政策驱动型达峰。碳中和,也称为净零二氧化碳排放,碳中和概念于1997 年由环保机构英国未来森林公司(Future Forest)提出。联合国政府间气候变化专门委员会(IPCC)认为,碳中和是指在特定的时间内,人为的二氧化碳排放量与二氧化碳去除量相等的状态[1]。方精云给出了碳中和的方程式:碳中和=人为碳排放-(海陆碳汇+碳捕集封存利用)=0[2]。

二、中国"双碳"战略的提出

基于对国际形势的考量和自身发展的实际,2020 年国家主席习近平在

---

[1] IPCC. Special report on global warming of 1.5 ℃ [EB/OL]. (2018-10-08) [2023-08-25]. https://www.ipcc.ch/sr15/chapter/glossary/.

[2] 方精云. 碳中和的生态学透视 [J]. 植物生态学报, 2021, 45 (11): 1-4.

联合国大会上宣布了中国的"3060"目标，即在2030年前实现碳达峰、2060年前实现碳中和。2021年10月24日，《中共中央 国务院关于完整准确全面贯彻新发展理念做好碳达峰碳中和工作的意见》发布。该文件提出：到2030年，经济社会发展全面绿色转型取得显著成效，重点耗能行业能源利用效率达到国际先进水平。到2060年，绿色低碳循环发展的经济体系和清洁低碳安全高效的能源体系全面建立，能源利用效率达到国际先进水平，非化石能源消费比重达到80%以上。习近平总书记指出，实现碳达峰碳中和是一场广泛深刻的经济社会系统性变革，要把碳达峰碳中和纳入生态文明建设整体布局，拿出抓铁有痕的劲头，如期实现2030年前碳达峰、2060年前碳中和的目标[①]。

三、碳中和的实现路径分析

Ausubel于1995年首次提出脱碳概念，将脱碳定义为一次能源碳强度降低的过程[②]。郭楷模等分析了碳中和的关键技术：零碳能源关键技术体系，低碳产业转型关键技术体系，生态固碳增汇/负排放关键技术体系[③]，即零碳、减碳、负碳技术体系。

在碳中和之前，首先出现的是脱钩（decoupling）理论。脱钩理论是OECD（经济合作与发展组织）提出的形容阻断经济增长与资源消耗或环境污染之间联系的基本理论。经合组织国家对脱钩理论及其应用的研究十分重视，将脱钩的概念分为相对脱钩和绝对脱钩。当能源变量增长率为正但小于经济产出增长率时，称为"相对脱钩"[④]。相对脱钩与绝对脱钩的临

---

① 习近平. 推动平台经济规范健康持续发展 把碳达峰碳中和纳入生态文明建设整体布局 [EB/OL]. (2021-03-15) [2023-08-27]. https://www.ccps.gov.cn/xtt/202103/t20210315_147975. shtml.

② AUSUBEL J H. Technical progress and climatic change [J]. Energy policy, 1995 (23): 411-416.

③ 郭楷模, 孙玉玲, 裴惠娟, 等. 趋势观察：国际碳中和行动关键技术前沿热点与发展趋势 [J]. 中国科学院院刊, 2021, 36 (9): 1111-1115.

④ LUKEN R A, PIRAS S. A critical overview of industrial energy decoupling programs in six developing countries in Asia [J]. Energy policy, 2011, 39: 3869-3872.

界点正好对应于环境库兹涅茨曲线的拐点①。

在碳中和落地实施的过程中，2009 年的《哥本哈根协议》、2015 年的《巴黎协定》均对附件 I 和非附件 I 国家的减排承诺提出要求，因此依据协议在政府间立法强制执行是第一种方式，明确各国的国家自主贡献目标是第二种方式。欧美日等西方发达经济体提出了 2050 年前、中俄提出 2060 年前、印度提出 2070 年前实现碳中和的目标。此外，国际社会在跨国公司和国际贸易中倡导碳中和产品。沃尔玛、乐高等跨国企业率先实现碳中和，欧美 CBAM 机制拟对高碳产品实施环境出口限制。我国国内的不同领域开启了碳中和实践。北京 SKP 商场、天津港第二集装箱码头、温榆河主题公园、国网扬州供电公司广陵基地等率先实现碳中和，中证上海环交所推出了碳中和指数，成为碳中和领域的金融指南针。

从具体路径看，王灿等从排放、技术和社会三个方面设计了碳中和的实现路径，建立了较为科学的政策体系。从排放路径看，需经历碳排放达峰、快速减排、深度脱碳三个阶段；从技术路径看，在完全零排放情景下需要采用能效提高技术和零碳能源技术，在非完全零排放情景下，负排放技术是主要路径；从社会路径看，政府、企业、个人要在达成碳中和愿景中发挥各自的作用②。

目前有关生态经济体系、碳达峰碳中和的研究是分开独立进行的，二者并未建立有机联系。现有文献对这两个主题进行研究时，对基本概念的内涵界定基本清晰、路径安排具有一定合理性。然而，如果把碳达峰碳中和作为目标函数，以我国的资源禀赋作为约束条件，如何通过有效的机制设计达成目标，是本书需要解决的核心问题所在。事实上，习近平总书记提出的生态经济体系，就是"双碳"目标的重要机制设计和路径安排。本书通过把碳达峰碳中和融入生态经济体系，以分析该机制安排的必要性、可行性、有效性。

---

① 夏勇，钟茂初.经济发展与环境污染脱钩理论及 EKC 假说的关系：兼论中国地级城市的脱钩划分 [J].中国人口·资源与环境，2016，26（10）：8-16.

② 王灿，张雅欣.碳中和愿景的实现路径与政策体系 [J].中国环境管理，2020（6）：58-64.

第二节 "双碳"战略下中国生态经济体系建设的总体框架

一、"双碳"融入生态经济体系的总体框架

从时间脉络看，习近平总书记初步构建了碳达峰碳中和的目标及其基本路径——产业生态化和生态产业化。本书通过对目标与路径关系的推演，旨在深入探索碳达峰碳中和融入生态经济体系的逻辑与路径，为我国生态文明建设助力。

习近平总书记对新时代生态经济体系的创新性建构，重塑了产业与生态的二元对立统一关系，明确了以碳中和为目标、以有效市场为主导、以有为政府为引导的生态经济体系总体框架（见图6.1）。在生态经济体系中，首先，要发挥市场在资源配置中的决定性作用，以有效的市场机制为核心，以产业生态化为前提夯实经济发展的基础，同时完成生态资源的产业化、市场化；其次，要发挥有为政府的引导作用和消费者的参与作用，适时介入资源配置，当前最紧要的是早日实现碳达峰；最后，要明确生态经济发展的目标——碳中和。

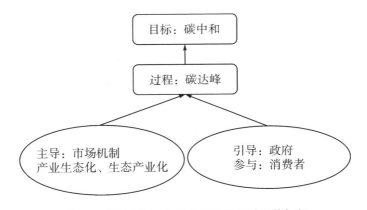

图 6.1 "双碳"融入生态经济体系的总体框架

二、"双碳"战略为生态经济体系设定了阶段性目标和定量化指标

（一）"双碳"战略为生态经济体系设定了阶段性目标

2018 年 5 月，习近平总书记在全国生态环境保护大会上，提出了美丽中国建设"三步走"的战略目标：到 2020 年坚决打好污染防治攻坚战，全面建成小康社会；加快构建生态文明体系，确保到 2035 年，生态环境质量实现根本好转，美丽中国目标基本实现；到 21 世纪中叶，生态文明等全面提升，绿色发展方式和生活方式全面形成，人与自然和谐共生，生态环境领域国家治理体系和治理能力现代化全面实现，建成美丽中国①。可以看出，"3060"目标与"三步走"战略目标基本一致。"3060"的碳达峰碳中和计划是我国生态文明建设的最新路线图，它描绘了生态文明体系建设的阶段性目标。而生态经济体系是生态文明体系"五位一体"的重要物质基础，因此，"双碳"战略为生态经济体系设定了阶段性目标。

（二）"双碳"战略为生态经济体系设定了定量化指标

不同于以往的目标评价方法，"3060"目标有明确的量化标准。《中共中央 国务院关于完整准确全面贯彻新发展理念做好碳达峰碳中和工作的意见》② 明确指出，到 2030 年，单位国内生产总值二氧化碳排放比 2005 年下降 65%以上；非化石能源消费比重达到 25%左右，风电、太阳能发电总装机容量达到 12 亿千瓦以上；森林覆盖率达到 25%左右，森林蓄积量达到 190 亿立方米。到 2060 年，非化石能源消费比重达到 80%以上。这为生态经济体系设定了定量化指标。

三、生态经济体系为"双碳"战略设定了机制安排和具体模式

（一）生态经济体系为"双碳"战略设定了机制安排

在习近平总书记提出的生态经济体系框架中，"以产业生态化和生态

---

① 习近平. 习近平谈治国理政：第三卷［M］. 北京：外文出版社，2020.

② 中共中央 国务院关于完整准确全面贯彻新发展理念做好碳达峰碳中和工作的意见［EB/OL］.（2021－10－24）［2023－08－29］. http://www.gov.cn/zhengce/2021－10/24/content_5644613.htm.

产业化为主体"表明要发挥市场在资源配置中的决定性作用。首先，必须以有效的市场机制为核心，尤其是通过产业生态化夯实经济发展的基础，同时实现生态资源的产业化、市场化。其次，还要发挥政府的引导作用，政府适时介入资源配置，作为对市场功能的补充，这是生态经济体系蕴含的潜台词。最后，形成"双碳"战略融入生态经济体系的结构——以碳中和为目标、以有效市场为主导、以有为政府为引导。

（二）生态经济体系为"双碳"战略设定了具体模式

产业生态化、生态产业化是市场机制下的具体模式，从产业与生态资源的中观层面，勾勒了二者的辩证统一关系。

产业生态化指的是所有产业都要清洁生产，生产对环境友好的产品和服务，从操作层面看主要是传统的存在污染的产业，比如高碳的制造业、建筑业、交通业等。产业生态化的拐点是碳达峰，而碳达峰的痛点主要是高碳产业，尤其是发展中国家以第二产业为主导的产业分布格局，使得碳达峰时间滞后于发达国家。比如，英国早在 1972 年便实现本土碳达峰，美国则于 2007 年实现碳达峰。发展中国家则普遍还未能实现碳达峰。

生态产业化是实现碳中和的有效路径安排。在常规的零碳、低碳技术发挥作用却无法实现碳中和的背景下，负碳技术尤其关键。通过碳汇、捕集、封存等办法，尽可能多地吸收与化石能源相关的二氧化碳排放（20%的化石能源比例），同时要避免在产业化过程中产生新增的二氧化碳排放，从而实现二氧化碳的净零排放，达到碳中和。

四、生态经济体系为"双碳"战略设定了实施路径

党的十七大报告、党的十八大报告深刻地阐明了经济与生态协调发展的必要性和重要性，建设资源节约型、环境友好型社会是社会主义和谐社会的重要基础。党的二十大报告提出人与自然和谐共生的中国式现代化，所要达成的就是实现人与自然和谐相处，最迫切需要解决的问题就是经济增长与资源约束的矛盾。由此可知，实现第一、二、三产业的生态化是达成"双碳"目标的必由之路。

（一）第一产业的生态优化

1. 生产环节：畜禽排泄物处理、化肥农药施用与农作物秸秆处理的合理优化

畜禽排泄物主要产生于畜禽养殖环节。随着农业生产对规模化的要求越来越高，畜牧业也从传统农户分散养殖转变为规模化集中养殖，这会带来两个问题：一是畜禽排泄物数量较大，如果不及时处理会严重污染当地的生态环境；二是生态保护的主体比较明确，产生负外部性的养殖业主就是第一责任人。因此，主要的畜禽排泄物可以通过对养殖业主的约束来实现。另外，由于农村耕地多数实行家庭联产承包责任制，因此化肥农药施用与农作物秸秆处理的问题只能通过农户自己来解决。很显然，大量施用化肥和农药可以保证农作物生长快，颜色鲜艳，节省劳动时间，但会降低农产品质量，特别是农药的残留一直是个问题。出于消防安全的考虑，全国多地出台了秸秆禁烧的规定，然而如何有效利用农业废弃物是一个亟待解决的问题，当前的秸秆还田和秸秆气化技术是一个较好的尝试。

2. 需求环节：加强对绿色农产品需求的合理引导

未来，大农业发展要培育的第一产业一定是规模化的、集群化的、生态化的、现代化的大农业。然而，要实现第一产业的生态优化，仅仅有生产环节的自觉行动是不够的，需求环节占据着更加重要的地位。对绿色农产品要给予更多扶持，比如下大力气开展"农超对接""农社对接""农校对接"等，让真正鲜活的农产品有市场、有销路。可以借鉴烟草行业实施的合作社模式，对绿色农产品基地加大基础设施投入，提高基地的造血功能。同时，大力培育绿色农产品品牌，加强渠道建设，形成真正的"农户+基地+公司+供应链"的崭新需求模式。

（二）第二产业的生态优化

1. 生产环节：大力推进制造企业的生态标准建设

目前，产业仍在由城市向农村、由东中部向西部转移。在产业承接的过程中，部分地方政府仍然"唯GDP论"，上马了一些污染项目，破坏了当地的生态秩序，打破了生态平衡。事实上，企业应该有自己的生态标

准，而且这个标准一定是高于行业标准，更高于国家标准的。然而，部分企业以国家标准为本位，甚至低于国家标准进行产品制造，主动降低了产品的质量。事实上，越是在标准方面走在前面，越能获得市场的青睐，曾经的中国名牌产品、国家免检产品、中国驰名商标都说明了这一问题。

2. 交易环节：切实推进排污权交易

制造企业一般选址在城市的郊区，这里地势平坦，交通运输方便。然而，这些企业一旦有了污染，影响就非常严重。这些污染会很快向良田蔓延，甚至会严重威胁到粮食安全。这里，制造企业与农户的关系正如科斯所讲的外部性问题一样，需要权衡他们之间的关系。因为粮食是农户的生命线，而农户的生产很少会给制造企业带来负外部性，因而规制的重点应该是污染企业。最适当的办法是进行排污权交易，政府设立排污权交易所，分别赋予农户与制造企业一定的排污权，在生产过程中，哪一方的份额不够就向排污权剩余的其他企业或个人购买，学术界称其为"排污权交易"。当然，在这个过程中要防止寻租行为以及设租行为。

（三）第三产业的生态优化

1. 生产环节：对排污的控制

第三产业主要是服务业，服务业的软件建设一定要跟上时代的要求。游客在旅游中接触得最多的就是服务业。因此，要使住宿、餐饮、交通、景区等的污染问题得到彻底治理，特别是加强对商户的生态文明教育。直到今天，部分景区仍存在脏乱差现象，部分古城区改造不力，超标排污现象严重。

2. 需求环节：加强对服务需求的合理引导

随着城镇化水平的提高，城市中存在两个群体：本地人与外地人。有关研究表明，外地人对服务业的推动作用非常明显。因此，要处理好服务业的生态优化问题，相关机构就要加大宣传普及力度，从本地人做起，大兴文明就餐、文明出行、文明旅游、文明服务之风，提高市民的生态意识。事实上，目前世界各国对农村经济、山区半山区经济发展问题的研究几乎陷入停滞。偏远农村地区由于平原较少，物流成本较高，完全靠工业提升地区生产总值是行不通的。良好的生态就是生产力，以良好的生态环境吸引游客观光、度假旅游是一个现实的选择。

第三节　习近平总书记对生态经济学的理论贡献

习近平总书记对生态经济学的理论贡献主要体现在深刻认识并提出了生态经济的发展模式、发展目标。

一、提出了生态经济的发展模式

基于前面的论述可知，习近平总书记从经济学理论中外部性的视角，把各种产业分为传统产业（对环境产生负外部性）与生态产业（对环境产生正外部性）两大类。"产业生态化和生态产业化"本质上是"传统产业的生态化和生态产品的产业化"。这样，便把外部性理论运用于环境问题，丰富了生态经济学理论架构（见图6.2）。

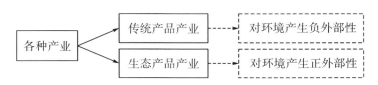

图 6.2　生态经济学意义上的产业分类

这里对相关概念进行界定：传统产品产业，是指产生环境污染的产业，以制造业为主，强调传统产品满足人民物质文化需要的产品功能。生态产品产业是指和生态产品有关且不产生环境污染的产业。生态产品是指清新的空气、清洁的水源和宜人的气候等，强调生态产品的服务功能。

事实上，"产业生态化和生态产业化"是辩证统一的两种生态经济发展模式。产业和生态二者相辅相成、有机统一。"产业生态化和生态产业化"的提出解决了长期困扰生态经济学的发展模式之争。发达国家工业化过程中"先污染后治理""边污染边治理"的模式均是不可取的。我们必须树立创新、协调、绿色、开放、共享的新发展理念，以习近平经济思想为指引，统筹人与自然、经济与社会、经济基础与上层建筑，兼顾效率与公平、局部与全局、当前与长远，指引中国迈向高质量发展，为当前复杂条件下破解全球发展难题提供智慧之钥。

二、明确了生态经济的发展目标

把碳达峰碳中和纳入生态文明建设整体布局是习近平总书记提出的生态经济发展的重要内容。因此，"双碳"战略是当前和今后一段时期我国生态经济发展的目标，解决了长期以来生态经济学发展目标不清晰的问题。正如"经济学是解决人的欲望无限性与资源有限性的矛盾"一样，生态经济学应该是解决人的欲望无限性与生态资源容量有限性的矛盾。

西方经济学采用价格杠杆，通过供给与需求的马歇尔方法研究消费者与生产者追求效用最大化的过程，针对的是私人产品领域，其典型特点正如马克思所认为的，商品（私人产品）不能同时获得使用价值和价值。然而，生态经济学研究的是公共产品领域，其典型特点是不具有排他性、竞争性。政府是公共产品的主要提供者，因此，政府的战略目标非常重要。

"双碳"战略的"3060"目标是中国政府基于国情和实际，审时度势提出的。该目标不只是量的规定性（碳达峰指标），还给出了质的规定性（碳中和）。从可持续发展的理念看，无论何种发展模式、无论在哪个发展阶段，碳中和都应该成为生态经济学思想中优化配置的目标。如果说，碳中和是数学意义上的目标函数，那么碳达峰就是一个约束条件，"生态产业化和产业生态化"就是发展模式。

第七章 "双碳"战略下中国生态经济体系建设的制度思考

第一节 坚持中国特色社会主义制度

中国特色社会主义制度，包括人民代表大会制度这一根本政治制度，中国共产党领导的多党合作和政治协商制度、民族区域自治制度以及基层群众自治制度等基本政治制度；中国特色社会主义法律体系；公有制为主体、多种所有制经济共同发展，按劳分配为主体、多种分配方式并存，社会主义市场经济体制等社会主义基本经济制度；以及建立在这些制度基础上的经济体制、政治体制、文化体制、社会体制等各项具体制度①。

坚持中国特色社会主义制度，就是要坚持把根本政治制度、基本政治制度、基本经济制度和其他各方面机制体制有机结合起来，坚持把国家层面的民主制度和基层民主制度有机结合起来，坚持把党的领导、人民当家作主、依法治国有机结合起来。中国共产党领导是中国特色社会主义最本质的特征②。

中国特色社会主义制度还应包括生态文明的制度以及建立在制度基础

---

① 韩振峰.【专家谈】牢牢把握中国特色社会主义主题 [EB/OL]. (2017-09-02) [2023-09-12]. http://opinion.people.com.cn/GB/n1/2017/1103/c1003-29625939.html.

② 习近平. 中国共产党领导是中国特色社会主义最本质的特征 [EB/OL]. (2020-07-15) [2023-09-12]. http://www.qstheory.cn/dukan/qs/2020-07/15/c_1126234524.htm.

上的生态文明体制。2015 年 9 月 11 日，中共中央政治局召开会议，审议通过了《生态文明体制改革总体方案》。生态文明体制改革的目标是到 2020 年，构建起由自然资源资产产权制度、国土空间开发保护制度、空间规划体系、资源总量管理和全面节约制度、资源有偿使用和生态补偿制度、环境治理体系、环境治理和生态保护市场体系、生态文明绩效评价考核和责任追究制度等构成的产权清晰、多元参与、激励约束并重、系统完整的生态文明制度体系，推进生态文明领域国家治理体系和治理能力现代化，努力走向生态文明新时代。

第二节　中国生态经济体系的制度安排

一、生态经济体系的产权制度

从《生态文明体制改革总体方案》来看，要统筹推进自然资源资产产权制度改革，建立自然资源统一确权登记制度，积极探索全民所有自然资源资产所有权委托代理机制，建立覆盖土地、矿产等主要门类的自然资源资产有偿使用制度。

2019 年，中共中央办公厅、国务院办公厅印发的《关于统筹推进自然资源资产产权制度改革的指导意见》指出，当前存在自然资源资产底数不清、所有者不到位、权责不明晰、权益不落实、监管保护制度不健全等问题，导致产权纠纷多发、资源保护乏力、开发利用粗放、生态退化严重，必须通过适当的制度安排扭转不利局面、解决问题。该指导意见给出了三条产权改革措施①：

（一）健全自然资源资产产权体系

适应自然资源多种属性以及国民经济和社会发展需求，与国土空间规

① 中共中央办公厅 国务院办公厅印发《关于统筹推进自然资源资产产权制度改革的指导意见》［EB/OL］.（2019-04-14）［2023-09-12］. https://www.gov.cn/zhengce/2019-04/14/content_5382818.htm.

划和用途管制相衔接，推动自然资源资产所有权与使用权分离，加快构建分类科学的自然资源资产产权体系，着力解决权利交叉、缺位等问题。处理好自然资源资产所有权与使用权的关系，创新自然资源资产全民所有权和集体所有权的实现形式。落实承包土地所有权、承包权、经营权"三权分置"，开展经营权入股、抵押。探索宅基地所有权、资格权、使用权"三权分置"。加快推进建设用地地上、地表和地下分别设立使用权，促进空间合理开发利用。探索研究油气探采合一权利制度，加强探矿权、采矿权授予与相关规划的衔接。依据不同矿种、不同勘查阶段地质工作规律，合理延长探矿权有效期及延续、保留期限。根据矿产资源储量规模，分类设定采矿权有效期及延续期限。依法明确采矿权抵押权能，完善探矿权、采矿权与土地使用权、海域使用权衔接机制。探索海域使用权立体分层设权，加快完善海域使用权出让、转让、抵押、出租、作价出资（入股）等权能。构建无居民海岛产权体系，试点探索无居民海岛使用权转让、出租等权能。完善水域滩涂养殖权利体系，依法明确权能，允许流转和抵押。理顺水域滩涂养殖的权利与海域使用权、土地承包经营权，取水权与地下水、地热水、矿泉水采矿权的关系。

（二）明确自然资源资产产权主体

推进相关法律修改，明确国务院授权国务院自然资源主管部门具体代表统一行使全民所有自然资源资产所有者职责。研究建立国务院自然资源主管部门行使全民所有自然资源资产所有权的资源清单和管理体制。探索建立委托省级和市（地）级政府代理行使自然资源资产所有权的资源清单和监督管理制度，法律授权省级、市（地）级或县级政府代理行使所有权的特定自然资源除外。完善全民所有自然资源资产收益管理制度，合理调整中央和地方收益分配比例和支出结构，并加大对生态保护修复支持的力度。推进农村集体所有的自然资源资产所有权确权，依法落实农村集体经济组织特别法人地位，明确农村集体所有自然资源资产由农村集体经济组织代表集体行使所有权，增强对农村集体所有自然资源资产的管理和经营能力，农村集体经济组织成员对自然资源资产享有合法权益。保证自然人、法人和非法人组织等各类市场主体依法平等使用自然资源资产、公开公平公正参与市场竞争，受到法律同等保护。

（三）建立自然资源统一确权登记制度

总结自然资源统一确权登记试点经验，完善确权登记办法和规则，推动确权登记法治化，重点推进国家公园等各类自然保护地、重点国有林区、湿地、大江大河重要生态空间确权登记工作，将全民所有自然资源资产所有权代表行使主体登记为国务院自然资源主管部门，逐步实现自然资源确权登记全覆盖，清晰界定全部国土空间各类自然资源资产的产权主体，划清各类自然资源资产所有权、使用权的边界。建立健全登记信息管理基础平台，提升公共服务能力和水平。

二、生态经济体系的宏观调控制度

（一）国土空间开发保护制度

构建以空间规划为基础、以用途管制为主要手段的国土空间开发保护制度，着力解决因无序开发、过度开发、分散开发导致的优质耕地和生态空间占用过多、生态破坏、环境污染等问题。构建以空间治理和空间结构优化为主要内容，全国统一、相互衔接、分级管理的空间规划体系，着力解决空间性规划重叠冲突、部门职责交叉重复、地方规划朝令夕改等问题。构建以改善环境质量为导向，监管统一、执法严明、多方参与的环境治理体系，着力解决污染防治能力弱、监管职能交叉、权责不一致、违法成本过低等问题。

（二）资源总量管理制度

构建覆盖全面、科学规范、管理严格的资源总量管理和全面节约制度，着力解决资源使用浪费严重、利用效率不高等问题。通过遥感技术等自然资源监测手段，统一组织实施全国自然资源调查，全面摸清山水林田湖草沙等自然资源的家底，掌握重要自然资源的数量、质量、分布、权属、保护和开发利用状况。实施资源总量管理，为节约集约利用自然资源，划清资源开发利用的底线和红线，支撑自然资源整体保护、生态文明建设和生态环境综合治理等奠定基础。提高自然资源的利用效率，是总量管理中保障经济社会发展、减少自然资源过度使用和消耗的唯一途径，通过提高全要素生产率，进一步驱动自然资源治理能力现代化。

（三）目标责任制度

构建充分反映资源消耗、环境损害和生态效益的生态文明绩效评价考核和责任追究制度，着力解决发展绩效评价不全面、责任落实不到位、损害责任追究缺失等问题。在"五位一体"总体布局中，生态文明建设具有特殊重要地位，生态文明是人与自然融合共生的产物，是人类永续发展的基本保障。建立生态经济体系的目标责任制度，就是要确保经济建设与生态文明建设相统一，尤其是要发挥有为政府的作用，划清政府职能权限，在市场失灵时充分发挥政府的价值引领功能，明晰政府的生态责任所在，确保政府不缺位。

三、生态经济体系的市场制度

（一）健全市场体系制度

构建更多运用经济杠杆进行环境治理和生态保护的市场体系，着力解决市场主体和市场体系发育滞后、社会参与度不高等问题。生态行业的市场结构比较复杂，主要包括能源、环保、水处理、废弃物处理等多个领域。完善可再生能源绿色电力证书制度，完善"三高两低"企业退出制度，建立绿色新能源企业帮扶制度，完善节能市场法律法规，修订环保市场既有条例，完善水处理市场法律法规，完善废弃物利用与再制造流通制度。

（二）健全市场竞争制度

完善碳排放权交易市场制度，完善能源市场价格生成制度，完善节能、环保、循环利用市场价格生成制度，完善水处理市场价格生成制度。通过各细分市场交易与定价制度的完善，形成多元化的供给方、需求方、中介等参与主体，各主体有效参与市场竞争，避免竞争不足、恶性竞争两种极端情况出现，以形成稳定有效的价格信号，反映市场供求和资源稀缺程度。同时避免在准入门槛、特许经营等方面造成新的垄断，阻碍竞争的形成。

（三）完善生态补偿制度

构建体现自然价值和代际补偿的生态补偿制度，着力解决自然资源及其产品价格偏低、生产开发成本低于社会成本、保护生态得不到合理回报等经济外部性问题。同时，生态补偿制度的完善有利于避免"公地悲剧""搭便车"等行为。生态环境建设者、生态功能区的政府和居民、环保技术的研发主体、采用新型环保技术的企业，均应该通过协商或者按照市场规则获得生态保护补偿。可以采用货币、实物、智力、政策、项目等多种方式对其进行补偿，补偿主要以生态服务功能的价值和环境治理与生态恢复的物化成本为量化标准。

四、生态经济体系的法律制度

众所周知，法律制度在维护社会秩序、保护公民权益、预防和控制犯罪、促进社会和谐进步等方面发挥了积极作用。上述产权制度、宏观调控制度、市场竞争制度的有效运行，均需要法律法规来保障。现有的《中华人民共和国民法典》需要适度修订，相关条款需要进一步体现生态经济体系的制度要求。同时，《中华人民共和国刑事诉讼法》需要进一步打击损害生态经济体系建设的个人、组织及其行为。可以适当制定新的专门法律、法规或条例，授权各级政府保障生态经济体系建设的顺利推进。

第八章 "双碳"战略下中国生态经济体系建设的机制

　　党的二十大报告指出，大自然是人类赖以生存发展的基本条件。尊重自然、顺应自然、保护自然，是全面建设社会主义现代化国家的内在要求。必须牢固树立和践行"绿水青山就是金山银山"的理念，站在人与自然和谐共生的高度谋划发展。我们要推进美丽中国建设，坚持山水林田湖草沙一体化保护和系统治理，统筹产业结构调整、污染治理、生态保护、应对气候变化，协同推进降碳、减污、扩绿、增长，推进生态优先、节约集约、绿色低碳发展。

　　党的二十大报告延续了碳达峰碳中和战略，延续了生态经济体系建设的思路，从"降碳、减污"方面强化了产业生态化，从"扩绿、增长"方面推进了生态产业化。最终，整个社会要形成绿色低碳的生产方式和生活方式。

　　本书贯彻党的二十大精神，围绕人与自然的和谐这一主线，提出人类需求及其满足的过程（见图8.1）。

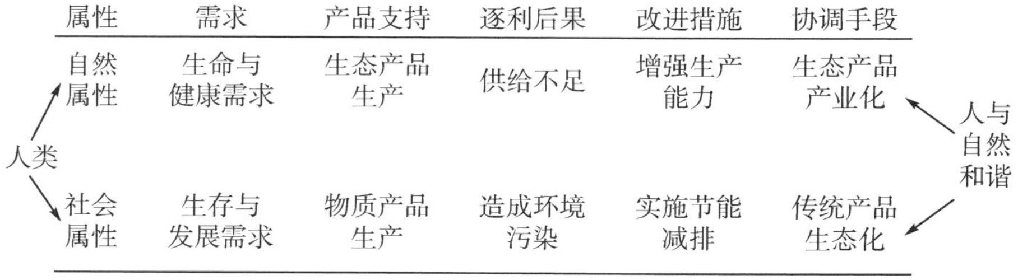

属性	需求	产品支持	逐利后果	改进措施	协调手段
自然属性	生命与健康需求	生态产品生产	供给不足	增强生产能力	生态产品产业化
社会属性	生存与发展需求	物质产品生产	造成环境污染	实施节能减排	传统产品生态化

人类 → 自然属性 / 社会属性

人与自然和谐 →

图 8.1　人类需求及其满足的过程

事实上，从人类的需求出发，到实现人与自然和谐的终极目标，最终的落脚点就是实现碳中和。这主要有两种模式：产业生态化、生态产业化。产业生态化机制设计以"两山论"为原则和指导思想，有四个发展阶段。产业生态化机制的关键是降碳、减污，其中尤其重要的是碳减排。碳减排要实现碳排放量最小，企业必须在竭尽全力完成碳减排之后再去进行碳抵消，避免漂绿行为（greenwashing）。同时，需要做出政府宏观调控与消费者参与机制的设计。

第一节　GEP 核算机制设计

一、有关 GEP 核算的相关研究

（一）有关生态产品价值实现的研究

Costanza 等研究了基本生态服务的价格关系问题[①]，谢高地等梳理了全球生态系统服务价值评估研究进展。Ian Powell 等依据政府参与程度的不同，把生态系统服务市场分为三种：自发组织的私人交易、政府把某项生态系统服务定义为一种可以交易的商品、采用公共支付体系直接投资公共项目[②]。吴学灿等提出了"国有私营"的生态产品供求思路[③]。习近平总书记在 2018 年全国生态环境保护大会上提出了"构建以产业生态化和生态产业化为主体的生态经济体系"，为生态产品价值实现提供了基本遵循。随后，相关研究大量涌现。马建堂、张林波、李宇亮等、张倩霓、韩宇等分别针对生态产品价值的市场化机制进行探索，但多集中在物质供给、文化服务两个层面。

---

① COSTANZA R，ARGE R，GROOT R，et al. The value of the world's ecosystem services and natural capital ［J］. Nature，1997（387）：253-260.

② POWELL I，WHITE A，LANDELL N. Developing markets for the ecosystem services of forests ［EB/OL］.（2002-12-20）［2023-09-14］. http://www.forest-trends.org/documents/files/doel31.pdf.

③ 吴学灿，洪尚群，李风歧. 生态购买是西部生态建设的新战略［J］. 水土保持通报，2005，25（5）：105-107.

（二）有关生态产品核算的研究

生态产品是具有中国特色的概念。2010 年 12 月国务院发布的《全国主体功能区规划》首次提出："生态产品指维系生态安全、保障生态调节功能、提供良好人居环境的自然要素，包括清新的空气、清洁的水源和宜人的气候等。"这是狭义的内涵界定，主要强调生态系统的调节和维持服务。Costanza 等[1]首次开展全球生态系统服务与自然资本价值估算研究，中国科学院生态环境研究中心欧阳志云研究员和世界自然保护联盟（IUCN）朱春全研究员首次提出生态系统生产总值（GEP），给出生态系统生产总值核算的概念、方法与典型案例，GEP 最初只包括物质产品、调节服务产品与非物质产品三个方面[2]。随后学术界将生态产品范畴界定为物质供给、调节服务、文化服务三个方面。2022 年 9 月，国家发展和改革委员会、国家统计局发布了《生态产品总值核算规范（试行)》，规范了生态产品核算名称及核算方法，该方法与联合国发布的《环境经济核算体系——生态系统核算》（SEEA EA）基本保持一致。目前，以深圳市、丽水市为代表的城市 GEP 核算已基本成熟，而农村 GEP 核算尚未有效展开。

（三）现有研究述评

可以看出，目前对生态产品的概念界定、核算方法已基本成型。2021 年 4 月，中共中央办公厅、国务院办公厅印发了《关于建立健全生态产品价值实现机制的意见》。党的二十大报告指出，"建立生态产品价值实现机制"。从"建立健全"到"建立"，说明我国生态产品的价值实现机制尚未建立，这方面亟待加强。

事实上，基于自然的解决方案（NbS）正在成为上述问题研究的学术前沿。NbS 概念由世界银行于 2008 年首次正式提出，经由 IUCN 在 2009 年联合国气候变化框架公约中引入并定义，2020 年 IUCN 理事会通过 NbS 全球标准。因此，在习近平生态文明思想指引下，在《生态产品总值核算规

---

① COSTANZA R, ARGE R, GROOT R, et al. The value of the world's ecosystem services and natural capital [J]. Nature, 1997 (387): 253-260.

② 欧阳志云，朱春全，杨广斌，等. 生态系统生产总值核算：概念、核算方法与案例研究 [J]. 生态学报，2013, 33 (21): 6747-6760.

范（试行）》及 NbS 准则指导下，探讨生态产品的价值实现（尤其是调节服务价值）具有了较强的可操作性。

二、基于 NbS 的 GEP 核算方法

（一）基于 NbS 的 GEP 核算简介

NbS 是指保护、可持续利用和修复自然的或被改变的生态系统的行动，从而有效地应对当今社会面临的挑战，同时提供人类福祉和生物多样性。NbS 基本准则涵盖社会挑战、尺度设计、生物多样性净增长、经济可行性、包容性治理、权衡、适应性管理、主流化与可持续性等。

GEP（gross ecosystem product）即生态系统生产总值。目前，GEP 的名称已明确规范为"生态产品价值"，不再与"生态系统总产值"等其他名称混淆。生态产品价值核算体系以《生态产品总值核算规范（试行）》为蓝本，已初步统一，并与联合国发布的《环境经济核算体系——生态系统核算》（SEEA EA）基本保持一致。世界自然保护联盟 NbS 全球标准的 8 个标准已形成全球共识，并实施了 5 个项目：甘肃省甘加草原生态治理，深圳海绵城市建设，广西北海陆海统筹生态修复，西北、华北、东北"三北"防护林工程，山东省东营市湿地城市项目。

首先，物质供给、文化服务方面的 GEP 核算和价值实现已经比较成熟。物质供给是生态系统提供的产品，涵盖可为人类直接利用的食物、木材、纤维、淡水资源、遗传物质等。文化服务以旅游康养、休息服务产品为载体。二者介于公共产品和私人产品之间，具有准公共产品的性质，供给方和需求方可以明确界定，EOD 模式（生态环境导向的开发模式）、生态旅游模式已成为实践前沿，因此不是本书研究的重点。

其次，调节服务方面是生态产品价值实现的关键所在。本书从企业和消费者两个层面探讨调节服务方面的价值实现，主要采用碳抵消机制。企业层面：在企业尽最大努力仍然无法实现零排放时，超出配额的部分就需要通过其他方式进行碳抵消，以实现碳中和。要制定有中国特色、地域特色的碳抵消机制，既符合国际缔约要求，又能切实推进"3060"计划。消

费者层面：2016 年 8 月 27 日，支付宝在公益板块上线"蚂蚁森林"。欧阳志云团队的研究表明，2020 年蚂蚁森林造林项目的生态系统生产总值为 20.88 亿元。其中防风固沙价值最高，为 10.66 亿元，占蚂蚁森林生态系统生产总值的 51.05%；固碳价值占比 13.70%，氧气生产价值占比 8.48%，气候调节价值占比 4.25%，其他均较低。

最后，本书对 GEP 核算的创新尝试。国际通行的 GDP 核算方法，采用支出法从消费、投资、净出口方面衡量某个区域最终产品和服务的价值。而现有的 GEP 核算无论国际还是国内均忽视了"最终产品和服务"，造成一定程度的重复计算。比如调节服务指标中，从"水源涵养"到"噪声削减"等十个指标多数属于中间产品或服务，是物质供给和文化服务的载体。因此，各地核算的 GEP 结果出入较大，普遍得出 GEP 几倍、几十倍、上百倍于 GDP 的结果。在"两山论"下，生态产品价值主要有三部分：生态修复与补偿（相当于投资）、生态核心功能（相当于消费）、生态市场交换功能（相当于净出口），因此具有一定的合理性。

生态产品价值实现的痛点较多，主要集中在调节服务的核算与实现方面，说明需要对核算方式进行再实践、再研究、再创新。正如《生态产品总值核算规范（试行）》出版说明里面指出的："此次公开出版的《规范》还处于试行阶段，有待于结合下一步的实践探索加以修订完善。"

（二）深圳市的 GEP 核算尝试①

早在 2014 年，深圳市便以盐田区为试点，在国内率先开展城市 GEP 核算，首次提出并建立了 GDP 和 GEP 双核算、双运行、双提升工作机制。连续 7 年来，盐田区实现了城市 GEP 与 GDP "双核算、双运行、双提升"。2019 年 8 月，《中共中央 国务院关于支持深圳建设中国特色社会主义先行示范区的意见》明确要求"探索实施生态系统服务价值核算制度"，《深圳建设中国特色社会主义先行示范区综合改革试点实施方案（2020—2025 年)》

---

① 盐田发端、全面推广！深圳发布全国首个 GEP 核算制度体系 [EB/OL]. (2021-03-24) [2023-09-24]. http://www.yantian.gov.cn/cn/zjyt/jjyt/mtbd/content/post_8645613.html? ivk_sa = 1024320u.

进一步要求"扩大生态系统服务价值核算范围"。

1. 用 4 年时间摸清全市生态家底

2017 年起,深圳市在全国率先综合采用遥感、地面调查、模型分析等方法,探索城市生态状况调查评估方法;在全国率先开展高密度城市尺度地面调查,完成了全市 891 个植物样地、90 177 个植被斑块、150 条动物样线、50 个河流水生态样点的实地调查;在全国率先开展全覆盖高空间分辨(0.8m)遥感数据系统调查与评估。历时 4 年,深圳市系统分析了全市 40 年生态系统格局的时空特征与演变,系统对深圳市生物多样性数据进行集成,系统掌握全市生态系统结构、质量、功能数据,摸清了全市生态家底。陆域生态调查评估项目为全市 GEP 核算打下坚实基础,是 GEP 核算的主要数据来源。

同时,加强部门数据共享和业务协同,关注市民生态获得感。深圳市每年协调市统计局、气象局等近 20 个部门收集整理统计监测数据约 200 余项,出动 400 人次开展实地调查走访,发放生态文化服务调查问卷 1 500 余份。

深圳市连续开展年度 GEP 试算分析,完成了全市 2010 年和 2016—2018 年共 4 年的试算。深圳市按照现有统计制度体系规范,组织开展了 2019 年度统计报表填报并初步完成核算分析。深圳市 GEP 核算充分利用了全市连续多年高精度的生态系统分类解译数据、高密度的气象监测数据、精细化的人口网格数据和较翔实的实地生态调查数据,具有较强的科学性和权威性。

2. 建立全国首个完整的生态系统生产总值核算制度体系

深圳市目前建立的 GEP 核算"1+3"制度体系是全国第一个完整的生态系统生产总值核算制度体系(见图 8.2)。

一个统领:GEP 核算实施方案。2021 年 2 月 9 日,深圳市生态环境局与统计部门、发展改革委联合出台了 GEP 核算实施方案(试行)。这一方案明确了核算方法,要求 GEP 核算按技术规范统一核算,按统计报表制度填报数据;规范了核算流程,要求每年核算结果于次年 7 月底前正式发布;厘清了部门职责,明确了 GEP 核算责任分工和工作要求。该实施方案是深圳市 GEP 核算工作制度化运行的总体施工图。

一项标准：GEP 核算地方标准。2021 年 2 月 23 日，深圳市场监管部门发布了 GEP 核算技术规范，确立了 GEP 核算两级指标体系及每项指标的技术参数和核算方法。其中一级指标 3 个，分别为物质产品、调节服务和文化旅游服务。二级指标 16 个，包括农林牧渔产品、调节气候、涵养水源和净化空气、旅游休闲服务等。该技术规范与联合国统计委员会《环境经济核算体系：生态系统核算》（SEEA EA）技术指南和国家 GEP 核算标准相衔接，是我国首个高度城市化地区的 GEP 核算技术规范。

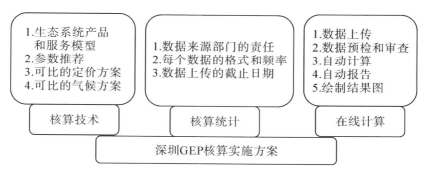

图 8.2　深圳 GEP 核算"1+3"制度体系及其特点[①]

一套报表：GEP 核算统计报表制度。2020 年 10 月 12 日，深圳市统计局批准实施了 GEP 核算统计报表制度（2019 年度）。将 200 余项核算数据分解为生态系统监测、环境与气象监测、社会经济活动与定价、地理信息 4 类数据，全面规范了数据来源和填报要求，数据来源涉及 18 个部门，共有 48 张表单。该报表制度是全国首份正式批准施行的 GEP 核算统计报表。

一个平台：GEP 自动核算平台。2020 年 8 月，深圳市率先上线了 GEP 在线自动核算平台，核算平台设计了部门数据报送、一键自动计算、任意范围圈图核算、结果展示分析等功能模块，可实现数据在线填报和核算结果一键计算，极大提高了核算效率和准确性。该核算平台是全球首个 GEP 自动核算平台。

---

① 张亚立，韩宝龙，孙芳芳. 生态系统生产总值核算制度及管理应用：以深圳为例 [J]. 生态学报，2023，43（17）：7023-7034.

第二节　生态产业化机制设计——碳抵消

一、生态产业化机制设计

（一）机制设计的原则与指导思想——"两山论"

生态产业化如何做？习近平总书记已经给出了答案。生态产业化的本质是生态资源的有效开发与利用、用生态资源发展经济，即用"绿水青山"去换"金山银山"。因此，做好生态产业化有四个基本要求：① 生态修复是前提，没有良好的生态资源就无法去做生态产业化；② 发挥生态资源核心功能，创造 GEP；③ 适当拓展生态市场功能，发展碳抵消机制；④ 最终实现用生态资源有效发展 GDP 的目标。

（二）生态产业化的四阶段发展模式

对应于四个基本要求，我国生态产业化应有四个发展阶段。

第一阶段：城市生态产业化的 EOD 模式。

党的二十大报告指出，要提升生态系统多样性、稳定性、持续性，加快实施重要生态系统保护和修复重大工程，实施生物多样性保护重大工程，推行草原森林河流湖泊湿地休养生息，实施好长江十年禁渔，健全耕地休耕轮作制度，防治外来物种侵害。

工业污染的集聚地在城市。2020 年 9 月 23 日，生态环境部发布《关于推荐生态环境导向的开发模式试点项目的通知》，探索将生态环境治理项目与资源、产业开发项目有效融合，推动实现生态环境资源化，提升环保产业可持续发展能力。"生态导向"的概念最早由美国学者霍纳蔡夫斯基（Honachefsky）于 1999 年提出，强调从单纯的"环境保护"向利用生态来引导区域开发的"生态导向"方向转变。徐州市的潘安湖国家湿地公园从煤矿塌陷区到 4A 级景区，是城市 EOD 模式的成功样板。习近平总书记在这里首次提出了"只有恢复绿水青山，才能使绿水青山变成金山银山"，彰显了生态修复与生态经济的价值。

第二阶段：发挥生态资源核心功能，创造GEP。

早在2014年，深圳就以盐田区为试点，在国内率先开展城市GEP核算。GEP是指生态系统生产总值，也就是生态系统服务价值，是生态系统为人类福祉和经济社会可持续发展提供的最终产品与服务价值的总和，包括物质产品价值、调节服务价值和文化服务价值三部分。深圳市2020年度GEP为1 303.82亿元。其中物质产品价值23.55亿元，调节服务价值699.52亿元，文化旅游服务价值580.75亿元，占比分别为1.8%、53.7%和44.5%。国家发展改革委认为，深圳率先建立了完整的生态系统生产总值（GEP）核算制度体系。

第三阶段：制定有中国特色的碳抵消机制。

如前所述，在企业尽最大努力仍然无法实现零排放时，超出配额的部分就需要通过其他方式进行碳抵消，以实现碳中和。比如，G20杭州峰会期间交通、餐饮等排放温室气体约6 674 CO_2e［二氧化碳当量由该气体的吨数乘以其温室效应潜力值（GWP）计算得出］，当地通过新建334亩碳汇林，在20年内以中和本次峰会的排放量。

正如刘侃指出的，采用碳抵消机制来实现碳中和，需要制定具有国际公信力的机制，如碳配额和信用的产生/审核机制、交易实施机制等。《京都议定书》下的市场交易机制包括排放交易、联合履约、清洁发展机制三种，《巴黎协定》下的市场交易机制包括自愿基础上的合作方法和可持续发展机制两种。我们要根据发展的观点、实践的观点、国情的观点制定有中国特色的碳抵消机制，既符合国际缔约要求，又能切实推进"3060"计划。比如国家层面的CCER、CGCF林业碳汇项目，区域层面的广东PHCER林业碳汇项目、福建FFCER林业碳汇项目、贵州的单株碳汇精准扶贫项目。

第四阶段：开启生态旅游规模化发展模式。

传统旅游偏重于物质层面，以科教、娱乐、餐饮、体验为主流模式，旨在强调旅游过程的获得感。而生态旅游是基于精神层面的，以空气、气候、阳光等为载体，是以享受生态资源、欣赏祖国大好河山为目标，获得更多负氧离子、体验阳光浴、解决空调病是大家的主流追求。在2023年我国人均GDP超过1.2万美元、超过世界人均GDP水平的支撑下，开启生态旅游的规模化发展正逢其时。

二、生态产业化案例

（一）湛江市三岭山生态修复案例

三岭山生态修复项目获广东首届国土空间生态修复十大范例奖。三岭山紧邻湛江中心城区，是牛嵎岭、平岭、交椅岭三岭的统称。三岭山生态修复项目规模为1 512.4公顷，分阶段实施，前后包括土地回收、生态复绿、林分改造及热带季雨林生态修复等内容。项目自2009年起，历经10年，以自然林营建为理念，以地域性乡土树种为特色，有效构建了生态结构稳定、生物多样性突出的热带季雨林植被群落，取得显著的生态效益。项目整体性系统修复，共营建了近40千米绿道、1 000亩山塘湿地，乡土植物群落达12 000多亩，社会共建120公顷7处公园式驿站，实现22 686亩的青山绿水，将三岭山森林公园规模扩大一倍，成为国家4A级景区[①]。

三岭山森林公园正是由于近10年来的修复，才实现了从"用绿水青山去换金山银山"到"既要金山银山，也要绿水青山"再到"绿水青山就是金山银山"的完美演变。乡土植物种苗、生态复绿、水系梳理、生物多样性保护、绿道游憩与文化介入综合修复、热带季雨林修复及推广等一大批修复项目得以推行。当地以自然林营建为理念，以地域性乡土树种为特色，有效构建了生态结构稳定、生物多样性突出的热带季雨林植被群落，取得显著的生态效益。当地建立了山洪滞留调蓄渗用体系，发挥土壤水库功能，消除山体滑坡等安全隐患。红色文化、自然教育文化介入生态修复，为市民提供登高、散步、骑行、亲水等休闲娱乐及生态美学享受[②]。

---

① 三岭山生态修复荣获广东省十大范例 ［N/OL］. 湛江日报，2020-04-13 ［2023-09-27］. http://paper.gdzjdaily.com.cn/html/2020-04/13/content_10630_2560550.htm.

② 三岭山生态修复荣获广东省十大范例 ［N/OL］. 湛江日报，2020-04-13 ［2023-09-27］. http://paper.gdzjdaily.com.cn/html/2020-04/13/content_10630_2560550.htm.

（二）韶关凡口铅锌矿生态修复案例

凡口铅锌矿是我国有名的大型矿山。1958 年建矿，1968 年投产，日产矿石 5 500 吨，年产铅锌金属 18 万吨，是亚洲最大铅锌矿种生产基地之一。经过 60 多年的开采，凡口铅锌矿为社会经济作出了巨大贡献。由于常年的矿产活动，当地生态环境受到影响。"以前没有植被覆盖，每到雨季，岩溶地面塌陷、水土流失的情况就特别严重。"

2022 年 3 月 9 日下午，央视新闻推出《遇见美好生活》特别节目第四期——生态建设篇，让全国观众云观看"绿水青山"。近年来，在韶关市委、市政府关心下，在中金岭南公司、广晟集团的大力支持下，凡口铅锌矿以韶关实施广东粤北南岭山区山水林田湖草生态保护修复试点工程为契机，按照统筹"地上地下"系统保护修复的思路，采用尾矿库建生态湿地公园、地上建矿山公园、地下建帷幕坝截流治水的"三位一体"综合生态修复模式。当地累计投入超 1.4 亿元开展综合治理，有效地保护并合理利用了凡口铅锌矿的地质遗迹、矿业遗迹等资源，促进了矿山可持续发展、环境保护与当地旅游资源开发等事业的发展，摸索出了一条矿山生态修复的新道路，生态环境效益显著[①]。

第三节　产业生态化机制设计——碳减排

一、产业生态化机制设计

如前所述，碳中和下的产业生态化机制设计要求企业通过技术升级、生产工艺和流程改造、替换清洁能源等方式，最终实现最大努力的碳减排。我国的碳排放主要来源于化石能源的利用。《中华人民共和国气候变化第二次两年更新报告》显示，能源活动是我国温室气体的主要排放源，

---

① 杜海涛. 央视新闻《遇见美好生活》直播走进韶关凡口矿实施生态修复矿山变成景区［EB/OL］.（2022 – 03 – 10）［2023 – 09 – 27］. https://www. sg. gov. cn/xw/xwzx/bdxw/content/post_2144955.html.

约占全部二氧化碳排放的 86.8%。在能源生产和消费活动中，化石能源又占据极其重要的地位。尽管我国化石能源占比已经大幅度下降，但到 2020 年仍然占 56.8%。因此，从产业层面推进碳达峰十分重要。

（一）依减碳目标完善企业发展战略

我国长期处于劳动密集型、资本密集型的粗放式增长模式中，知识和技术密集型的高质量增长模式还在路上。反映到企业的发展战略上，就是多以经济效益、社会效益为主，忽视生态效益。在碳达峰下，企业生产减碳已经不只是社会责任问题，而是企业发展战略的重要支点，企业必须消化自身产生的碳排放。降碳减污是不可逆转的发展趋势，理应成为企业发展战略的一部分。

（二）打造降碳减污供应链和产业集群

我国要深入推进环境污染防治，持续深入打好蓝天、碧水、净土保卫战，基本消除重污染天气，基本消除城市黑臭水体，加强土壤污染源头防控，提升环境基础设施建设水平，推进城乡人居环境整治。

在本书提出的供应链"四流+碳流"的新格局下，以往的产业集群、园区等模式需要重新塑造。在产业集聚中加入供应链减碳行为，把减碳作为企业合作的重要指标，链主企业要摒弃唯利益合作的功利主义行为，实现经济效益、环境效益共赢局面。链主企业在与供应链伙伴共同成长的过程中，除了技术、成本、信息、渠道等商业行为的共同成长外，降碳减污也应该成为共同成长的一部分。

（三）建立产业层面的降碳减污数据库

企业要避免"运动式"减碳、漂绿减碳等问题，结合政府配额、企业自愿、生产技术等现状，客观制定本企业减碳的"2020—2030"逐年减排目标，通过大数据技术一级一级上传，最终形成行业层面的降碳减污数据库。各企业应厘清现状、发现差距、凝聚共识、形成合力。

生态环境局等相关职能部门，要推进降碳减污数据库建设，织密环境监测的立体网络，尤其是产业集中度较高的园区型产业形态，要充分利用大数据资源，发挥行业协会等民间组织的力量，形成闭环式、全天候、全方位的环境检测格局。

（四）采用全球新能源、新技术、新工艺

党的二十大报告指出，要积极稳妥推进碳达峰碳中和，立足我国能源资源禀赋，坚持先立后破，有计划分步骤实施碳达峰行动，深入推进能源革命，加强煤炭清洁高效利用，加快规划建设新型能源体系，积极参与应对气候变化全球治理。

摒弃对传统化石能源的依赖，采用太阳能、风能、水能等可再生能源，加快特高压、氢能技术、二氧化碳消除技术等新技术的产业化应用，激励企业采用减碳新工艺，在设备更新、折旧、重置时充分考虑减碳因素。通过新能源、新技术、新工艺的迭代更新，我国应紧跟世界低碳技术发展趋势，获得前沿技术和创新成果。

二、产业生态化案例

本书以传统制造业为例，力图总结产业生态化的规律性认识，为降碳减污的国家治理行动提供样本和素材。笔者对传统制造业的调研采用企业高管访谈的方式，以田野调查的形式调研了 10 家行业代表性企业。本书以海螺水泥集团韶关工厂为经典个案。

2022 年 10 月，笔者对海螺水泥集团韶关工厂进行了实地调研。该公司牢固树立"绿水青山就是金山银山"的生态文明理念，大力推进节能提高能效、调整优化能源结构等工作，采取强有力措施，推动绿色低碳发展，重点围绕四个方面开展了以下工作：

（一）创建绿色矿山，制定并落实具体举措

一是以绿色矿山创建为契机，边坡复垦复绿，持续改善"矿容矿貌"，编制《水土保持方案》《边坡复绿设计方案》，积极落实预裂爆破措施，减弱冲击波对边坡岩体的破坏，保证最终边坡的稳定与美观。二是完善矿山生产工艺智能管控平台，通过信息技术对矿山生产、设备、安全、资源开发等各个功能模块进行集中管理，实现生产过程控制可视化、安全管理信息化、生产集约高效化、生产管理和决策科学化。

（二）强化节能提高能效，从源头减少碳排放

一是配套设置两套 9MW 余热发电系统，年发电量约为 1 亿度，减排二氧化碳 6.82 万吨左右。二是大力调整能源结构，构建清洁低碳能源体系。公司计划通过使用替代燃料，不断增加可再生能源、清洁能源供给，深入推进煤炭去产能工作，努力打造清洁低碳的能源体系，减少有害物质排放量，减轻环境污染，为公司绿色低碳发展增添新动力。

（三）落实环保技改，推动绿色低碳发展

一是积极运用"精细化操作+低氮燃烧+SNCR 烟气脱硝"技术路线，将现场控制系统接入中控室，实行精细化操作，进一步降低了 NOx 排放浓度，脱硝效率满足排放要求。二是针对原材料硫含量偏高的问题，升级改造了石灰石制备系统，利用高质量石粉进行脱硫，提高了脱硫效率，始终保持 SO_2 低排放要求，大幅优于本地排放标限值。三是生产废水、发电冷却水经净化处理后，用于生产或绿化浇灌循环使用，全部实现了零排放。四是公司在所有产尘点设置布袋除尘器，对生产线产生的烟（粉）尘进行处理，窑头、窑尾安装有在线监测仪，每天安排专人进行数据监控，保障达标排放。通过一系列环保技改工作，进一步降低污染物的排放，践行生态文明理念。

（四）牵手协同处置、共创碧水蓝天

一是协同处置一般工业固废项目，借助水泥窑在固废方面具有"零排放、资源化""吃干榨净"的特点，处理生活污泥和污染土，进一步减少二氧化碳的排放。二是主动消耗水渣、脱硫石膏等多种工业废渣，不但做到了变废为宝，还解决了环境污染和占用土地等问题，创造了良好的社会效益和环境效益。该公司成为城市"净化器"、政府"好帮手"，更好地保卫蓝天碧水，守护绿水青山。

第四节　政府规制与消费者参与机制

一、政府规制方面

（一）宏观方面，在对外贸易上变环境输出为环境输入

加入 WTO 以来，我国凭借人口红利、资源获得大量出口订单，但这是一种环境输出模式，已经不可持续。在坚持高质量发展的新时代，各级政府必须树立生态修复理念，改环境输出为环境输入，培育贸易的新功能和新增长点，通过碳中和政策最终走向绿色贸易。

（二）中观方面，合理制定碳配额、碳抵消等碳中和标准

我国要明确各类企业的碳配额，从而使企业按配额排放，配额剩余部分可以在交易所交易。因此，需要政府公平界定各参与方的碳排放量，合理制定碳配额。同时，配额不足的企业还可以通过森林碳汇采购等方式来实现碳抵消。因此，政府要制定标的物碳抵消标准（绝对值或强度）。2010 年，英国标准协会发布了全球首个碳中和标准 PAS2060，而我国可操作的碳中和标准尚不明确。

（三）微观方面，大力发展再制造产品

伴随着国家层面对产品回收的重视，以拍拍为代表的二手回收平台、以 92 回收为代表的废物回收平台应运而生。研究显示，每循环使用 1 千克废旧衣物，可以减少 3.6 千克的二氧化碳排放量，节约 6 000 升的工业用水，减少 0.3 千克化肥和 0.2 千克农药的使用量。然而，回收后的产品多以流通形式转卖或初加工，真正进入再制造领域的很少。在碳中和理念下，回收再制造成为当务之急，以便实现"四流+碳流"的供应链闭环。卡特彼勒上海工厂、欧洲金属回收利用有限公司上海工厂成为行业先行者。

二、消费者方面

（一）增强公众对人、动物、环境"同一个健康"的认识

新冠疫情迫使世界重新思考人与自然相互关联下的健康问题。然而，

目前基于部门技术的解决方案成本很高，我们提出以人为本的"同一个健康"概念，以抑制自然资源开发和消费的不可持续行为，这种行为可能导致原始人畜共患病从不平衡的自然生态系统溢出。OH 可以补充基于自然的解决方案（NbS），其中前者指的是自然的未知部分，而后者是基于已知的自然知识。在后疫情时代，应深化公众对卫生保健的认识，引导世界走上更可持续的道路，防止未来出现更严重的人畜共患病溢出。

"同一个健康"（OH）认识到人类、动物和共享环境之间的相互依存的健康（由世界卫生组织于 2021 年定义）（Rocheleau et al.，2022）。OH 在 21 世纪初首次被提出，并在新冠疫情暴发后重新被提起（Bonilla Aldana et al.，2020）。OH 强化了人类干扰的生态可能通过接触或消费将病原体逆转给人类的观点（borz et al.，2020）。OH 战略是全球从新冠疫情危机中复苏的核心（Jack et al.，2020）。我们发现，2019—2021 年，Web of Science 收录的 SCI（科学引文索引）和 SSCI（社会科学引文索引）中，"One Health"相关研究的年增长率为 32±10%。然而，之前的研究主要集中在针对寄生虫感染牲畜的药物和疗法上（Innes et al.，2020），这一状况在新冠疫情发生后产生了变化。

1. 在一种健康框架下的人类行为适合于为人类和自然建立双赢的结果

笔者希望提高公众对 OH 的认识，以抑制不可持续的自然资源开发和消耗自然资源的行为，防止人畜共患病和环境疾病在未来溢出到人类。可持续发展（SD）是联合国（UN）在 20 世纪 80 年代末正式定义的（Ness-hover et al.，2017），全球人口和城市化的持续增长导致了森林砍伐和野生动物栖息地的减少（Bedford et al.，2019）。与人类社区接触更多的碎片化栖息地，从野生动物传播而来的病原体增加了（Borzee et al.，2020）。自 2000 年以来，出现了几种人畜共患病，包括 SARS-CoV（2002—2003 年）、H1N1（2009—2010 年）、埃博拉病毒（2014—2016 年）和 covid - 19（2019 年至今）（蒙哥马利 等，2020）。基于自然的解决方案（NbS）旨在恢复或重建被破坏的自然系统（例如种植红树林以捕获二氧化碳以减轻全球变暖），并依靠已了解的自然知识降低灾害风险（IUCN，2020）。自然界中剩余的未知部分也具有内在价值（独立于人的影响），它对人的价值应该受到人类的尊重（Chan et al.，2016）。有框架的人类行为是针对自然的未知部分。

2. 在新冠疫情最初暴发期间，在公众的注意中强调了 OH 观点

由于新冠病毒对人类健康的影响令人担忧，新冠疫情在中国社交媒体平台上引起了网民（即网络公众）的广泛关注。有人认为早期的新型冠状病毒（2019 年）来源于野生动物（如穿山甲）（Zhang et al.，2020）。因此，野生动物肉类的消费（如野味）引起了公众的注意。这表明，公众将人类健康与自然生态联系了起来。之前有研究发现，没有额外干预的正常环境事件只能维持公众关注约 3 天，而公众对环境的看法非常简单（Wu et al.，2020）。然而，公众对新冠疫情的关注持续了相对较长的时间。长期的关注鼓励了公众去理解人类与自然之间的关系。

内容分析显示，流行的微信文章一般涵盖了三个维度（知识、态度和行为）。然而，对人类与自然之间的关系（与生态原理有关）的深入思考并不占主导地位。由于生态知识可以显著影响环境行为（多梅兹-图兰等，2021），生态知识的缺乏可能会削弱这次疫情带来的环境教训的长期影响。虽然野味消费的严重后果、共享的亲社会动机和相关支持的政策或法规可以促进强烈的道德强迫和负责行动（个人规范）（Bouman et al.，2021），但也应该谨慎过分强调禁止野生动物消费或将市场作为唯一因素的解决方案。我们迫切需要了解和解决人畜共患病传播的基本驱动因素，以更环保的方式指导社会（Vora et al.，2022）。

公众经常将野生动物与人类健康风险联系起来，并表示拒绝野味消费（Xie et al.，2020）。新冠疫情提高了公众对食品安全和野生动物消费的认识（Li et al.，2021），负面看法可能会减少公众对野生动物的需求（Naidoo et al.，2021）。然而，我们应该避免对野生动物的仇恨，比如因为害怕传播病毒而扑杀蝙蝠（Vijay et al.，2021）。网民对食用野味的指责可能会让一些消费者接受支持野生动物保护的社会规范（Bruneau et al.，2020）。与津巴布韦类似（Tarakini et al.，2021），中国公众支持对捕杀野

生动物进行更严格的市场监督和惩罚（Liu et al.，2020）。公众对野生动物保护的支持态度表达了对人类健康风险的担忧。新冠疫情唤醒了人们"同一个健康"的思想，疫情后的时代是加深公众野生动物保护意识的好机会，让公众认识到保护自然和生物多样性是我们避免未来疫情大流行的最佳解决办法。

3. 以社交媒体为基础，让更多的社会团体参与促进 OH 框架的环境教育

这场疫情已使许多社会团体参与了在社交媒体平台上宣传野生动物保护的活动。在疫情期间，有的用户不断努力发布与野生动物保护相关的文章。拥有稳定受众的传统新闻媒体继续在影响公众意识方面发挥重要作用（Wu et al.，2020）。政府在媒体上发表了很多文章，但吸引的受众相对较少；而娱乐相关（休闲）类文章较少，但吸引的阅读用户较多。在社交媒体平台上，公众寻求的是私利（主要是休闲类内容），而不是社会变革（主要是政府相关的内容）（Smith et al.，2017）。虽然教育界人士很少发表广受欢迎的文章，但由于他们不断努力发布文章，他们的总阅读数所占的比例很高。职业卫生组织（医疗和卫生、餐饮-农业-食品和环境保护）用户的直接利益相关方积极参与了传播，但他们对在线用户的能见度相对较低。为了拓宽健康教育和环境教育，我们应该通过不断的努力，吸引更多有影响力的用户。

（二）推进绿色消费、关注碳足迹

所有供应链的最末端就是消费者的需求，涵盖欲望和购买力两个要素。在我国 GDP 居世界第二、全面建成小康社会、历史性解决贫困问题以后，购买力的问题已基本解决。现在要在消费欲望中嵌入生态环保理念，使消费者自觉节能、节约、节俭、节制，通盘考虑自身利益和子孙后代的永续发展，构建简约无废的生态消费体系，从垃圾分类做起，采用绿色餐饮、绿色居住、绿色交通等绿色消费方式，做新时代生态文明建设的志愿者与守护者、践行者。

我们要加快发展方式绿色转型，实施全面节约战略，倡导绿色消费，推动形成绿色低碳的生活方式。每个人的生活方式都会直接影响到地球的环境。用水、用纸、用电、交通方式、垃圾处理……这些日常生活都与碳排放相关，与人们的每一种生活方式相伴而生的就是碳足迹。消费者需要通过确定自己的"碳足迹"，了解"碳排量"，进而去控制和约束自己的行为以达到减少碳排量的目的。

第九章　总结与展望

　　在市场经济、全球化、工业化浪潮的推动下，全球环境问题突出，实现经济发展与环境保护的二元优化迫在眉睫。我国如何走可持续发展道路，如何构建生态经济发展模式？党的十九大以来，习近平总书记对此问题进行了深邃思考，提出了许多有洞见性、开创性的重要论述。

　　习近平总书记在 2018 年全国环境保护大会上，提出了"构建以产业生态化和生态产业化为主体的生态经济体系"，在 2020 年联合国大会上以高度的责任感和使命感提出了积极应对气候变化的"双碳"战略，在 2021 年中央财经委员会第九次会议上又提出"把碳达峰碳中和纳入生态文明建设整体布局"。

　　在习近平总书记的指引下，本书梳理了以碳中和为目标、以碳达峰为约束、以产业生态化和生态产业化为基础，涵盖政府规制与消费者参与的生态经济体系总体框架。本书研究了这一新型治理框架的逻辑、结构、机制与路径，尤其是基于"两山论"提出的生态产业化四阶段发展模式，是对当前依靠生态资源扩大内需、实现消费升级和乡村振兴问题的探索。同时，针对产业生态化的"降碳减污"治理行动如何有效实施，本书也提出了一定的思考。相信本书将为政府、企业和社会提供一定的借鉴。

　　研究发现，习近平总书记为生态哲学、生态经济学的发展作出了重要的理论贡献。他提出的"人与自然是生命共同体"深化了学术界对生态哲学研究对象的认识，把生态哲学推向了一个全新高度。他提出的"产业生态化和生态产业化"本质上是"传统产业的生态化和生态产品的产业化"，已经对产业进行了有效分类，把外部性理论运用于环境问题，丰富了生态经济学的理论架构。

当然，要建立平衡且充分的新时代发展模式，就要考虑人均因素。因此，笔者建议后续的研究可以聚焦在人均经济发展模式方面，主要从人均经济指标、人均生态指标两方面做出探索。实施以人均经济模式为方法的空间区划模式，根据可覆盖人口把经济、教育、生态、文化各功能区有效测算，给出资源可承载的红线，像耕地红线、住房容积率、人均住房面积一样，成为一种标准。

参考文献

［1］周辅成.西方伦理学名著选辑：下［M］.北京：商务印书馆，1987.

［2］余谋昌，王耀先.环境伦理学［M］.北京：高等教育出版社，2004.

［3］李勇强，孙道进.生态伦理证成的困境及其现实路径［J］.自然辩证法研究，2013，29（7）：73-77.

［4］莱斯.自然的控制［M］.岳长龄，李建华，译.重庆：重庆出版社，1993.

［5］阿格尔.西方马克思主义概论［M］.慎之，等译.北京：中国人民大学出版社，1991.

［6］马克思，恩格斯.马克思恩格斯全集：第二十六卷［M］.北京：人民出版社，2014.

［7］马克思.1844年经济学哲学手稿［M］.北京：人民出版社，2002.

［8］马克思，恩格斯.马克思恩格斯全集：第二卷［M］.北京：人民出版社，1957.

［9］弗洛姆.健全的社会［M］.孙恺祥，译.贵阳：贵州人民出版社，1994.

［10］郭辉.罗尔斯顿自然价值论研究［D］.南京：南京林业大学，2006.

［11］BURKETT P. Marx and nature：a red and green perspective［M］. Basingstoke：Macmillan Press，1999.

［12］KOVEL J. The enemy of nature：the end of capitalism or the end of the world？［M］. London：Zed Books Ltd., 2002.

　　［13］马克思.资本论：第一卷［M］.北京：人民出版社，2004.

　　［14］马斯洛.动机与人格［M］.刘霖，译.北京：民主与建设出版社，2023.

　　［15］马克思，恩格斯.马克思恩格斯文集：第五卷［M］.北京：人民出版社，2009.

　　［16］李勇强.马克思生态人学思想及其当代价值研究［D］.重庆：西南大学，2015.

　　［17］马克思，恩格斯.马克思恩格斯全集：第四十二卷［M］.北京：人民出版社，1979.

　　［18］奥康纳.自然的理由［M］.唐正东，臧佩洪，译.南京：南京大学出版社，2003.

　　［19］习近平.习近平关于总体国家安全观论述摘编［M］.北京：中央文献出版社，2018.

　　［20］李承宗.马克思与罗尔斯顿生态价值观之比较［J］.北京大学学报（哲学社会科学版），2008，45（3）：27-32.

　　［21］孙道进.马克思主义环境哲学的本体论维度［J］.哲学研究，2008（1）：28-32.

　　［22］马克思，恩格斯.马克思恩格斯全集：第四十七卷［M］.北京：人民出版社，1979.

　　［23］马克思，恩格斯.马克思恩格斯全集：第四十六卷［M］.北京：人民出版社，2003.

　　［24］解保军.生态学马克思主义名著导读［M］.哈尔滨：哈尔滨工业大学出版社，2014.

　　［25］佩珀.生态社会主义：从深生态学到社会正义［M］.刘颖，译.济南：山东大学出版社，2005.

　　［26］KOVEL J. The enemy of nature：the end of capitalism or the end of the world？［M］. 2nd ed. London：Zed Books Ltd., 2007.

［27］余维海.克沃尔的生态社会主义理论初探［J］.南昌航空大学学报，2010，12（3）：68-73.

［28］FOSTER J B. It's not a postcapitalist word, nor is it a post— Marxist one［J］. Monthly review, 2002, 54（5）：45.

［29］福斯特.生态危机与资本主义［M］.耿建新，宋兴无，译.上海：上海译文出版社，2006.

［30］福斯特，瑟龙.马克思主义生态学与资本主义［J］.刘仁胜，译.当代世界与社会主义，2005（3）：155-158.

［31］MAGDOFF F, FOSTER J B, BUTTEL F H. Hungry for profit：the agribusiness threat to farmers, food, and the environment［M］. New York：Monthly Review Press, 2000.

［32］刘仁胜.约翰·福斯特对马克思生态学的阐释［J］.石油大学学报（社会科学版），2004，20（1）：57-60.

［33］夏劲，秦士栋.福斯特对物质变换裂缝理论的建构及其对我国生态文明建设的启示［J］.自然辩证法研究，2014，30（1）：112-116.

［34］福斯特.中国创建属于自己的生态文明［N］.人民日报，2015-06-11（3）.

［35］LOWELL J R. A week on the concord and merrimack rivers［J］. Massachusetts quarterly reviews, 1849（111）：20-60.

［36］施伟泽.敬畏生命［M］.陈泽环，译.上海：上海社会科学院出版社，2003.

［37］孙爱真.消费异化回归生态本位的逻辑解读［J］.自然辩证法研究，2016，32（12）：95-99.

［38］LEOPALD A. A sand country almanac［M］. Oxford：Oxford University Press, 1949：50.

［39］利奥波德.沙乡年鉴［M］.侯文蕙，译.长春：吉林人民出版社，1997.

［40］乔清举."儒家生态哲学"笔谈［J］.中共中央党校学报，2018，

22（2）：62-67.

［41］郑玄，贾公彦.周礼注疏//十三经注疏：上［M］.北京：中华书局，1980：707.

［42］司马迁.史记：第一册［M］.北京：中华书局，1982：59.

［43］夏文利.《淮南子》与深层生态学的比较研究［J］.自然辩证法研究，2017，33（2）：93-97.

［44］张枫林.王夫之生态哲学思想体系的阐释［J］.自然辩证法研究，2018，34（11）：98-102.

［45］柳宗元.柳宗元集［M］.北京：中华书局，1979.

［46］徐元诰.国语集解［M］.北京：中华书局，2002.

［47］克拉克.马克思关于"自然是人的无机的身体"之命题［J］.黄炎平，译.哲学译丛，1998（4）：53-62.

［48］陈凌霄.马克思自然观中的生态哲学思想［J］.自然辩证法研究，2016，32（10）：110-115.

［49］唐建荣.生态经济学［M］.北京：化学工业出版社，2005.

［50］戴利，法利.生态经济学：原理与应用［M］.金志农，陈美球，蔡海生，等译.2版.北京：中国人民大学出版社，2014.

［51］许涤新.生态经济学［M］.杭州：浙江人民出版社，1987.

［52］夏光.生态文明是一个重要的治国理念［J］.环境保护，2007（21）：35-36.

［53］张明国.技术哲学视阈中的生态文明［J］.自然辩证法研究，2008，24（10）：40-45.

［54］FROSCH R A，GALLOPOULOS N. Strategies for manufacturing［J］. Scientific American，1989，261（3）：144-152.

［55］SRIVASTAVA S. Green supply-chain management：a state-of-the-art literature review［J］. International journal of management review，2007，9（1）：53-80.

［56］HUA G W，CHENG T C E，WANG S Y. Managing carbon footprints in inventory management [J]. International journal of production economics, 2011, 132 (2): 178-185.

[57] 马世骏, 王如松. 社会—经济—自然复合生态系统 [J]. 生态学报, 1984, 4 (1): 1-9.

[58] 刘则渊, 代锦. 产业生态化与我国经济的可持续发展道路 [J]. 自然辩证法研究, 1994, 10 (12): 38-42.

[59] COSTANZA R, ARGE R, GROOT R, et al. The value of the world's ecosystem services and natural capital [J]. Nature, 1997, 387: 253.

[60] 黎元生. 生态产业化经营与生态产品价值实现 [J]. 中国特色社会主义研究, 2018 (4): 84-90.

[61] 徐静, 俞晓敏, 张桔, 等. 生态产业化与产业生态化协同发展: "山江湖" 综合开发背景下的南昌产业发展新思路 [J]. 中共南昌市委党校学报, 2010, 8 (5): 48-52.

[62] 张云, 赵一强. 环首都经济圈生态产业化的路径选择 [J]. 生态经济, 2012 (4): 118-121.

[63] 陈长. 论贵州协同推进生态产业化与产业生态化 [J]. 贵州省党校学报, 2018 (6): 123-128.

[64] 陈洪波. "产业生态化和生态产业化" 的逻辑内涵与实现途径 [J]. 生态经济, 2018, 34 (10): 209-220.

[65] 李星林, 罗胤晨, 文传浩. 产业生态化和生态产业化发展: 推进理路及实现路径 [J]. 改革与战略, 2020, 36 (2): 95-104.

[66] 陈洪波. 构建生态经济体系的理论认知与实践路径 [J]. 中国特色社会主义研究, 2019 (4): 55-62.

[67] 文传浩, 李春艳. 论中国现代化生态经济体系: 框架、特征、运行与学术话语 [J]. 西部论坛, 2020, 30 (3): 1-14.

[68] 陶表红, 焦庚英. 江西生态经济体系的构建分析 [J]. 求实, 2010 (1): 56-59.

[69] 许新桥. 生态经济理论阐述及其内涵、体系创新研究 [J]. 林业

经济，2014（8）：48-51.

[70] 马洪. 改革经济管理体制与扩大企业自主权［M］// 马洪. 马洪集. 北京：中国社会科学出版社，2000：228-245.

[71]【教育整顿学习——新中国史】中国农民的伟大创造（三十二）［EB/OL］.（2021-05-11）［2021-07-16］. https://www.thepaper.cn/news-Detail_forward_12629482.

[72] 吴敬琏. 当代中国经济改革［M］. 上海：上海远东出版社，2003.

[73] 曹普. 谷牧与 1978—1988 年的中国对外开放［J］. 百年潮，2001（11）：4-18.

[74] 中国共产党简史编写组. 中国共产党简史［M］. 北京：人民出版社，2021.

[75] 石广生. 中国加入世界贸易组织十年回顾与展望［J］. 百年潮，2012（1）：52-57.

[76] 中华人民共和国国务院新闻办公室. 共建"一带一路"：构建人类命运共同体的重大实践［EB/OL］.（2023-10-10）［2023-10-22］. https://www.gov.cn/zhengce/202310/content_6907994.htm.

[77] 习近平. 高举中国特色社会主义伟大旗帜 为全面建设社会主义现代化国家而团结奋斗：在中国共产党第二十次全国代表大会上的报告［M］. 北京：人民出版社，2022.

[78] 李婕. 国家统计局发布改革开放 40 年经济社会发展成就报告［N］. 人民日报海外版，2018-08-29（1）.

[79] 张红宇. 探索符合国情的城乡融合发展道路［N］. 经济日报，2024-02-01（10）.

[80] 胡鞍钢，黄鑫. 中国式现代化与绿色发展［J/OL］. 北京工业大学学报（社会科学版），2024（3）：1-20［2024-03-28］. https://link.cnki.net/urlid/11.4558.G.20240319.1353.002.

[81] 中共中央文献研究室. 毛泽东年谱（一九四九—一九七六）：第四卷［M］. 北京：中央文献出版社，2013.

［82］毛泽东.毛泽东文集：第七卷［M］.北京：人民出版社，1999.

［83］中共中央文献研究室.邓小平年谱（一九七五—一九九七）：上［M］.北京：中央文献出版社，2004.

［84］中共中央文献研究室.邓小平思想年编（一九七五—一九九七）［M］.北京：中央文献出版社，2011.

［85］国家环境保护总局，中共中央文献研究室.新时期环境保护重要文献选编［M］.北京：中央文献出版社，2001.

［86］江泽民.江泽民文选：第一卷［M］.北京：人民出版社，2006.

［87］胡锦涛.胡锦涛文选：第三卷［M］.北京：人民出版社，2016.

［88］陈二厚，董峻，王宇，等.为了中华民族永续发展：习近平总书记关心生态文明建设纪实［N］.人民日报，2015-03-10（2）.

［89］习近平.决胜全面建成小康社会 夺取新时代中国特色社会主义伟大胜利：在中国共产党第十九次全国代表大会上的报告［EB/OL］.（2017-10-27）［2023-08-21］.http：//www.gov.cn/zhuanti/2017-10/27/content_5234876.htm.

［90］国务院新闻办就“十三五”生态环境保护工作有关情况举行发布会［EB/OL］.（2020-10-21）［2023-08-22］.https：//www.gov.cn/xinwen/2020-10/21/content_5552990.htm.

［91］2022年中国生态环境统计年报［EB/OL］.（2023-12-29）［2024-02-23］.https：//www.mee.gov.cn/hjzl/sthjzk/sthjtjnb/202312/t20231229_1060181.shtml.

［92］曾贤刚.中国特色社会主义生态经济体系研究［M］.北京：中国环境出版集团，2019.

［93］新污染物治理需补齐哪些短板？中科院院士专家这样说［EB/OL］.（2023-03-20）［2023-08-21］.https：//huanbao.in-en.com/html/huanbao-2368312.shtml.

［94］陈小峰.环保工程技术行业的现状、存在问题及对策［EB/OL］.（2020-12-24）［2023-08-21］.https：//www.hzmj.org.cn/YiZhengJianYan6/

20203014266301.html.

［95］马克思，恩格斯.马克思恩格斯选集：第一卷［M］.北京：人民出版社，1995.

［96］陈淮.市场经济中政府与市场的矛盾［J］.金融经济，2004（3）：12-13.

［97］习近平主席在纳扎尔巴耶夫大学的演讲［EB/OL］.（2017-03-08）［2023-08-24］.http://world.people.com.cn/n1/2017/0308/c411452-29132263.html.

［98］习近平考察徐州采煤塌陷地整治工程［EB/OL］.（2017-12-13）［2023-08-24］.http://news.cctv.com/2017/12/13/ARTIPJMBwbvnvZA0CERYCXff 171213.shtml.

［99］海德格尔.林中路［M］.孙周兴，译.上海：上海译文出版社，1997.

［100］王雨辰.习近平"生命共同体"概念的生态哲学阐释［J］.社会科学战线，2018（2）：1-7.

［101］习近平.习近平谈治国理政：第二卷［M］.北京：外文出版社，2017.

［102］孙爱真.生态哲学的中国实践：从生命共同体到生态文明体系［J］.岭南师范学院学报，2020，41（5）：18-23.

［103］余谋昌.走出人类中心主义［J］.自然辩证法研究，1994（7）：08-14，47.

［104］杨通进.动物权利论与生物中心论：西方环境伦理学的两大流派［J］.自然辩证法研究，1993，9（8）：54-59.

［105］习近平.习近平谈治国理政：第一卷［M］.北京：外文出版社，2018.

［106］ALEX R. IT strategy review, distributed computing-rough draf［M］.［S. l.：s. n.］，1995.

［107］中共中央文献研究室.习近平关于全面建成小康社会论述摘编

［M］.北京：中央文献出版社，2016.

［108］周淑荣，张大勇.群落生态学的中性理论［J］.植物生态学报，2006，30（5）：868-877.

［109］HUBBELL S P. Tree dispersion, abundance, and diversity in a tropical dry forest［J］. Science, 1979, 203：1299-1309.

［110］习近平在《生物多样性公约》第十五次缔约方大会领导人峰会上的主旨讲话（全文）［EB/OL］.（2021-10-12）［2023-08-23］. http://www.gov.cn/xinwen/2021-10/12/content_5642048.htm.

［111］深圳市生态环境局、深圳市统计局、深圳市发展和改革委员会联合发布深圳市2020年度生态系统生产总值（GEP）核算结果［EB/OL］.（2021-10-22）［2023-08-23］. http://www.sz.gov.cn/szzt2010/wgkzl/jcgk/jcygk/zdzcjc/content/mpost_9283652.html.

［112］夏光.建设生态文明，促进绿色发展［EB/OL］.（2013-02-05）［2023-08-23］. http://theory.people.com.cn/n/2013/0205/c107503-20431371.html.

［113］中共中央办公厅 国务院办公厅印发《关于进一步加强生物多样性保护的意见》［EB/OL］.（2021-10-19）［2023-08-23］. http://www.gov.cn/zhengce/2021-10/19/content_5643674.htm.

［114］习近平.环境就是民生，青山就是美丽，蓝天也是幸福［EB/OL］.（2018-07-13）［2023-08-23］. https://www.mee.gov.cn/home/ztbd/gzhy/qgsthjbhdh/qgdh_zyjh/201807/t20180713_446578.shtml.

［115］任勇.加快构建生态文明体系［J］.求是，2018（13）：50-51.

［116］习近平出席全国生态环境保护大会并发表重要讲话［EB/OL］.（2018-05-19）［2023-08-24］. http://www.gov.cn/xinwen/2018-05/19/content_5292116.htm.

［117］习近平.习近平谈治国理政：第三卷［M］.北京：外文出版社，2020.

［118］夏光.拓展我国社会主要矛盾的表述［J］.环境与可持续发展，

2015, 40 (1)：1.

［119］ IPCC. Special report on global warming of 1.5 ℃ ［EB/OL］. (2018-10-08) ［2023-08-25］. https://www.ipcc.ch/sr15/chapter/glossary/.

［120］ 方精云. 碳中和的生态学透视 ［J］. 植物生态学报，2021，45 (11)：1-4.

［121］ 习近平. 推动平台经济规范健康持续发展 把碳达峰碳中和纳入 生态文明建设整体布局 ［EB/OL］. (2021-03-15) ［2023-08-27］. https://www.ccps.gov.cn/xtt/202103/t20210315_147975.shtml.

［122］ AUSUBEL J H. Technical progress and climatic change ［J］. Energy policy, 1995 (23)：411-416.

［123］ 郭楷模，孙玉玲，裴惠娟，等. 趋势观察：国际碳中和行动关键 技术前沿热点与发展趋势 ［J］. 中国科学院院刊，2021，36 (9)：1111-1115.

［124］ LUKEN R A, PIRAS S. A critical overview of industrial energy decoupling programs in six developing countries in Asia ［J］. Energy policy, 2011, 39：3869-3872.

［125］ 夏勇，钟茂初. 经济发展与环境污染脱钩理论及 EKC 假说的关 系：兼论中国地级城市的脱钩划分 ［J］. 中国人口·资源与环境，2016，26 (10)：8-16.

［126］ 王灿，张雅欣. 碳中和愿景的实现路径与政策体系 ［J］. 中国环 境管理，2020 (6)：58-64.

［127］ 中共中央 国务院关于完整准确全面贯彻新发展理念做好碳达峰 碳中和工作的意见 ［EB/OL］. (2021-10-24) ［2023-08-29］. http://www. gov.cn/zhengce/2021-10/24/content_5644613.htm.

［128］ 韩振峰.【专家谈】牢牢把握中国特色社会主义主题 ［EB/OL］. (2017-09-02) ［2023-09-12］. http://opinion.people.com.cn/GB/n1/2017/ 1103/c1003-29625939.html.

［129］ 习近平. 中国共产党领导是中国特色社会主义最本质的特征 ［EB/OL］. (2020-07-15) ［2023-09-12］. http://www.qstheory.cn/dukan/

qs/2020-07/15/c_1126234524.htm.

[130] 中共中央办公厅 国务院办公厅印发《关于统筹推进自然资源资产产权制度改革的指导意见》[EB/OL]. (2019-04-14) [2023-09-12]. https://www.gov.cn/zhengce/2019-04-14/content_5382818.htm.

[131] COSTANZA R, ARGE R, GROOT R, et al. The value of the world's ecosystem services and natural capital [J]. Nature, 1997 (387): 253-260.

[132] POWELL I, WHITE A, LANDELL N. Developing markets for the ecosystem services of forests [EB/OL]. (2002-12-20) [2023-09-14]. http://www.forest-trends.org/documents/files/doel31.pdf.

[133] 吴学灿, 洪尚群, 李凤歧. 生态购买是西部生态建设的新战略 [J]. 水土保持通报, 2005, 25 (5): 105-107.

[134] 欧阳志云, 朱春全, 杨广斌, 等. 生态系统生产总值核算: 概念、核算方法与案例研究 [J]. 生态学报, 2013, 33 (21): 6747-6760.

[135] 盐田发端、全面推广! 深圳发布全国首个 GEP 核算制度体系 [EB/OL]. (2021-03-24) [2023-09-24]. http://www.yantian.gov.cn/cn/zjyt/jjyt/mtbd/content/post_8645613.html? ivk_sa=1024320u.

[136] 张亚立, 韩宝龙, 孙芳芳. 生态系统生产总值核算制度及管理应用: 以深圳为例 [J]. 生态学报, 2023, 43 (17): 7023-7034.

[137] 三岭山生态修复荣获广东省十大范例 [N/OL]. 湛江日报, 2020-04-13 [2023-09-27]. http://paper.gdzjdaily.com.cn/html/2020-04/13/content_10630_2560550.htm.

[138] 杜海涛. 央视新闻《遇见美好生活》直播走进韶关凡口矿实施生态修复矿山变成景区 [EB/OL]. (2022-03-10) [2023-09-27]. https://www.sg.gov.cn/xw/xwzx/bdxw/content/post_2144955.html.

[139] 崔景明. 试述云南坝区的生态农业 [J]. 乡镇经济, 2001 (12): 20-21.

[140] 周琼, 李梅. 清代中后期云南山区农业生态探析 [J]. 学术研究, 2009 (10): 123-130.

［141］罗雁,陈良正,张思竹.云南山区生态农业发展思路与对策研究［J］.西南农业学报,2010,23（6）:2137-2142.

［142］周兵.生态农业:云南经济发展的一个新增长点［J］.云南社会主义学院学报,2014（1）:61-63.

［143］XIAO Q, ZONG Y T, LU S G. Assessment of heavy metal pollution and human health risk in urban soils of steel industrial city（Anshan）, Liaoning, Northeast China ［J］. Ecotoxicology and environmental safety, 2015, 120: 377-385.

［144］李梅,吴启堂,李锐,等.佛山市郊污灌菜地土壤和蔬菜的重金属污染状况与评价［J］.华南农业大学学报,2009,30（2）:19-21.

［145］ZHAO H, XIA B, FAN C, et al. Human health risk from soil heavy metal contamination under different land uses near Dabaoshan Mine, Southern China ［J］. Science of the total environment, 2012, 417-418: 45-54.

［146］罗小玲,郭庆荣,谢志宜.珠江三角洲地区典型农村土壤重金属污染现状分析［J］.生态环境学报,2014,23（3）:485-489.

［147］付红波,李取生,骆承程,等.珠三角滩涂围垦农田土壤和农作物重金属污染［J］.农业环境科学学报,2009,28（6）:1142-1146.

［148］HU J L, WU F Y, WU S C, et al. Phytoavailability and phytovariety codetermine the bioaccumulation risk of heavy metal from soils, focusing on Cd-contaminated vegetable farms around the Pearl River Delta, China ［J］. Ecotoxicology and environmental safety, 2013, 91: 18-24.

［149］冯之浚,牛文元.低碳经济与科学发展［J］.中国软科学,2009（8）:13-19.

［150］张国兴,张绪涛,汪应洛,等.节能减排政府补贴的最优边界问题研究［J］.管理科学学报,2014,17（11）:129-138.

［151］中国科学院可持续发展研究组.中国可持续发展战略报告［M］.北京:科学出版社,1999.

［152］何小东,郑元同."双化"联动背景下西部中小城市建设低碳城

市的思考［C］//第十三届中国科协年会. 生态文明视域中的城市发展研讨会论文集. 北京：中国科学技术协会学术部, 2011.

［153］HARRIS F. How many parts to make at once［J］. Factory, the magazine of management, 1913, 152 (10)：135-136.

［154］HOVELAQUE V, BIRONNEAU L. The carbon-constrained EOQ model with carbon emission dependent demand［J］. International journal of production economics, 2015, 164：285-291.

［155］陈志良, 黄玲, 周存宇, 等. 广州市蔬菜中重金属污染特征研究与评价［J］. 环境科学, 2017 (1)：389-398.

［156］YANG L Q, HUANG B, HU W Y, et al. Assessment and source identification of trace metals in the soils of greenhouse vegetable production in eastern China［J］. Ecotoxicology and environmental safety, 2013, 97：204-209.

［157］LI Q S, CAI S S, MO C H, et al. Toxic effects of heavy metals and their accumulation in vegetables grown in a saline soil［J］. Ecotoxicology and environmental safety, 2010, 73 (1)：84-88.

［158］XU L, LU X, WANG J H, et al. Accumulation status, sources and phytoavailability of metals in greenhouse vegetable production systems in Beijing, China［J］. Ecotoxicology and environmental safety, 2015, 122：214-220.

［159］LU J H, YANG X P, MENG X C, et al. Predicting cadmium safety thresholds in soils based on cadmium uptake by Chinese cabbage［J］. Pedosphere, 2017, 27 (3)：475-481.

［160］YANG Y, ZHANG F S, LI H F, et al. Accumulation of cadmium in the edible parts of six vegetable species grown in Cd-contaminated soils［J］. Journal of environmental management, 2009, 90 (2)：1117-1122.

［161］LI X H, ZHOU Q X, WEI S H, et al. Identification of cadmiumexcluding welsh onion (Allium fistulosum L.) cultivars and their mechanisms of low cadmium accumulation［J］. Environmental science and pollution research, 2012, 19 (5)：1773-1780.

[162] 红河哈尼梯田文化景观 [EB/OL]. (2013-06-22) [2023-09-28]. http://news.xinhuanet.com/politics/2013-06/22/c_116249559.htm.

[163] 赵敏. 中国森林生态系统的植物碳贮量及其影响因子分析 [J]. 地理科学, 2004 (1): 50-54.

[164] 云南省环保厅. 云南领跑全国低碳经济, 去年碳交易项目全国第一 [EB/OL]. (2010-8-10) [2023-09-28]. http://www.ynepb.gov.cn/xxgk/read.aspx? newsid=7975.

[165] 马晓哲, 王铮. 中国分省区森林碳汇量的一个估计 [J]. 科学通报, 2011, 56 (6): 433-439.

[166] 马继东. 福斯特的生态学马克思主义理论对我国建设社会主义生态文明的启示 [J]. 社会主义研究, 2008 (3): 31-34.

[167] 杨朝中. 领导干部要讲执政道德 [J]. 统计与决策, 2000 (6): 3.

[168]《干部道德建设读本》编写组. 干部道德建设读本 [M]. 北京: 中共中央党校出版社, 2001: 13.

[169] 罗尔斯顿. 环境伦理学 [M]. 杨通进, 译; 许广明, 校. 北京: 中国社会科学出版社, 2000: 15.

[170] 何福. 当代中国生态道德的构建研究 [D]. 重庆: 西南大学, 2008.

[171] 中国西部筑起"生态门槛" [N]. 经济参考报, 2013-10-25 (A3).

[172] 重庆市采取十项举措努力改善空气质量 [OL]. 重庆日报, 2015-02-02 (6).

[173] 孙爱真. 云南高海拔地区立体旅游模式探讨 [J]. 中国商论, 2017 (7): 76-77.

[174] 习近平在云南调研 [EB/OL]. (2015-01-22) [2023-09-29]. http://news.xinhuanet.com/photo/2015-01/22/c_1114082834.htm.

[175] 张桥贵. 云南多宗教和谐相处的主要原因 [J]. 世界宗教研究,

2010 (2): 19-24.

[176] 刘刚. 从日本山村旅游开发看云南的旅游化 [J]. 今日民族, 1996 (2): 23-25.

[177] 罗明义. 论云南民族文化旅游的开发 [J]. 学术探索, 1999 (2): 83-86.

[178] 陈永涛, 肖洪磊. 云南民族节庆旅游发展的意义及对策 [J]. 云南农业大学学报, 2012, 6 (4): 71-76.

[179] 党志, 卢桂宁, 杨琛, 等. 金属硫化物矿区环境污染的源头控制与修复技术 [J]. 华南理工大学学报 (自然科学版), 2012, 40 (10): 83-89.

[180] 徐稳定. 超甜38玉米对镉的耐受机理及强化富集研究 [D]. 广州: 华南理工大学, 2014.

[181] XU Y, LIANG X F, XU Y M, et al. Remediation of heavy metal-polluted agricultural aoils using clay minerals: a review [J]. Pedosphere, 2017, 27 (2): 193-204.

[182] 卫泽斌, 郭晓方, 吴启堂, 等. 混合螯合剂的不同施加方式对重金属污染土壤套种修复效果的影响 [J]. 华南农业大学学报, 2016, 37 (1): 29-34.

[183] LIANG Y C, SUN W C, ZHU Y G, et al. Mechanisms of silicon-mediated alleviation of abiotic stresses in higher plants: a review [J]. Environ pollut, 2007, 147: 422-428.

[184] 陈喆, 铁柏清, 雷鸣, 等. 施硅方式对稻米镉阻隔潜力研究 [J]. 环境科学, 2014, 35 (7): 762-2770.

[185] 陈喆, 张淼, 叶长城, 等. 富硅肥料和水分管理对稻米镉污染阻控效果研究 [J]. 环境科学学报, 2015, 35 (12): 4003-4011.

[186] CHEN D M, CHEN D Q, XUE R, et al. Effects of boron, silicon and their interactions on cadmium accumulation and toxicity in rice plants [J]. Journal of hazardous materials, 2019, 367: 447-455.

［187］曲如晓, 张业茹. 协调贸易与环境的最佳途径: 环境成本内部化 ［J］. 中国人口·资源与环境, 2006, 16（4）: 17-22.

［188］聂力. 我国碳排放权交易博弈分析 ［D］. 北京: 首都经济贸易大学, 2013.

［189］马克思. 资本论: 第一册 ［M］. 北京: 人民出版社, 2004.

［190］马克思. 资本论: 第二册 ［M］. 北京: 人民出版社, 2004.

［191］马克思. 资本论: 第三册 ［M］. 北京: 人民出版社, 2004.

［192］孙爱真, 刘卫华, 刘荣昆. 需求拉动视角下西南地区公共生态产品供给机制 ［J］. 云南农业大学学报（社会科学）, 2015, 9（5）: 64-68.

［193］多地出台 2.5 天休假受鼓励, 到底该如何休? ［EB/OL］.（2015-12-08）［2023-09-29］. http://www.sc.xinhuanet.com/content/2015-12/08/c_1117392115.htm.

［194］刘卫华. 澜沧江流域和凉山彝族经济社会发展现状 ［J］. 青年与社会, 2015（6）: 75-76.

［195］刘卫华. 澜沧江流域和凉山彝族市场化水平对比研究 ［J］. 青年与社会, 2015（2）: 232-233.

［196］LIANG Y C, WONG J W C, WEI L. Silicon mediated enhancement of cadmium tolerance in maize（Zea mays L.）grown in cadmium contaminated soil ［J］. Chemosphere, 2005, 58: 475-483.

［197］SHI Q H, BAO Z Y, ZHU Z J, et al. Silicon-mediated alleviation of Mn toxicity in Cucumis sativus in relation to activities of superoxide dismutase and ascorbate peroxidase ［J］. Phytochemist, 2005, 66: 1551-1559.

［198］唐行灿, 陈金林. 生物炭对土壤理化和微生物性质影响研究进展 ［J］. 生态科学, 2018, 37（1）: 192-199.

［199］LUCCHINI P, QUILLIAM R S, DELUCA T H, et al. Does biochar application alter heavy metal dynamics in agricultural soil? ［J］. Agriculture, ecosystem and environment, 2014, 184: 149-157.

［200］OLIVEIRA F R, PATEL A K, JAISI D P, et al. Environmental application of biochar: current status and perspectives [J]. Bioresource technology, 2017, 246: 110-122.

[201] 李永涛, 刘科学, 张池, 等. 广东大宝山地区重金属污染水田土壤的 Cu Pb Zn Cd 全量与 DTPA 浸提态含量的相互关系研究 [J]. 农业环境科学学报, 2004, 23 (6): 1110-1114, 2-14.

[202] LI L B, HNG C, FU Y Q, et al. Silicate-mediated alleviation of Pb toxicity in banana grown in Pb-conta-minated soil [J]. Biological trace element research, 2012, 145 (1): 101.

[203] DEBONA D, RODRIGUES F A, DATNO L E. Silicon's role in abiotic and biotic plant stresses [J]. Annu. Rev. Phytopathol, 2017, 55: 85-107.

[204] GU H H, QIU H, TIAN T, et al. Mitigation effects of Silicon rich amendments on heavy metal accumulation in rice (Oryza sativa L.) planted on multimetal contaminated acidic soil [J]. Chemosphere, 2011, 83 (9): 1234.

[205] CHEN W, MENG J, HAN X, et al. Past, present, and future of biochar [J]. Biochar, 2019, 1: 75-87.

[206] KUMAR A, TSECHANSKY L, LEW B, et al. Biochar alleviates phytotoxicity in Ficuselastica grown in Zn-contaminated soil [J]. Science of the total environment, 2018, 618: 188-198.

[207] 佟敏. 浅谈国外生态旅游的发展现状 [J]. 美中经济评论, 2005 (3): 48-51.

[208] PIAO S L, FANG J Y. Changes in vegetation net primary productivity from 1982 to 1999 in China [J]. Global biogeochemical cycles, 2005, 19: 1-6.

[209] 党的十八大报告提出"生态产品"新概念 [EB/OL]. (2012-11-20) [2023-09-29]. http://env.022net.com/2012/120/47/11201010399 17230.html.

[210] 库天梅. 三峡水库渔业现状及发展对策研究 [D]. 北京: 中国农业大学, 2005.

［211］国家应对气候变化规划（2014—2020 年）［EB/OL］.（2014-09-19）［2023-09-29］. http://www.chinanews.com/.

［212］李燕玲. 森林分类经营管理体制问题的思考［C］//国家林业局. 林业、森林与野生动植物资源保护法制建设研究：2004 年中国环境资源法学研讨会（年会）论文集：第一册. 重庆：重庆大学，2004.

［213］陈思慧，张亚平，李飞，等. 钝化剂联合农艺措施修复镉污染水稻土［J］. 农业环境科学学报，2019，38（3）：563-572.

［214］PARK J H, CHOPPALA G K, BOLAN N S, et al. Biochar reduces the bioavailability and phytotoxicity of heavy metals［J］. Plant and soil, 2011, 348：439-451.

［215］HUANG H L, RIZWAN M, LI M, et al. Comparative efficacy of organic and inorganic silicon fertilizers on antioxidant response, Cd/Pb accumulation and health risk assessment in wheat（Triticum aestivum L.）［J］. Environmental pollution, 2019, 255：113146.

［216］郭娟，罗小丽，姚爱军，等. 模拟酸雨条件下铁硅材料和生物炭对土壤镉砷形态及生物有效性的影响［J］. 农业环境科学学报，2018，37（7）：1495-1502.

［217］WU Y L, LUO L, WANG Y X, et al. Strengthened public awareness of one health to prevent zoonosis spillover to humans［J］. Science of the total environment, 2023, 879：1-8.

附录 A：习近平出席全国生态环境保护大会并发表重要讲话

　　新华社北京 2018 年 5 月 19 日电（记者 赵超、董峻）全国生态环境保护大会 18 日至 19 日在北京召开。中共中央总书记、国家主席、中央军委主席习近平出席会议并发表重要讲话。他强调，要自觉把经济社会发展同生态文明建设统筹起来，充分发挥党的领导和我国社会主义制度能够集中力量办大事的政治优势，充分利用改革开放 40 年来积累的坚实物质基础，加大力度推进生态文明建设、解决生态环境问题，坚决打好污染防治攻坚战，推动我国生态文明建设迈上新台阶。

　　中共中央政治局常委、国务院总理李克强在会上讲话。中共中央政治局常委、全国政协主席汪洋，中共中央政治局常委、中央书记处书记王沪宁，中共中央政治局常委、中央纪委书记赵乐际出席会议。中共中央政治局常委、国务院副总理韩正作总结讲话。

　　习近平在讲话中强调，生态文明建设是关系中华民族永续发展的根本大计。中华民族向来尊重自然、热爱自然，绵延 5 000 多年的中华文明孕育着丰富的生态文化。生态兴则文明兴，生态衰则文明衰。党的十八大以来，我们开展一系列根本性、开创性、长远性工作，加快推进生态文明顶层设计和制度体系建设，加强法治建设，建立并实施中央环境保护督察制度，大力推动绿色发展，深入实施大气、水、土壤污染防治三大行动计划，率先发布《中国落实 2030 年可持续发展议程国别方案》，实施《国家应对气候变化规划（2014—2020 年）》，推动生态环境保护发生历史性、转折性、全局性变化。

习近平指出，总体上看，我国生态环境质量持续好转，出现了稳中向好趋势，但成效并不稳固。生态文明建设正处于压力叠加、负重前行的关键期，已进入提供更多优质生态产品以满足人民日益增长的优美生态环境需要的攻坚期，也到了有条件有能力解决生态环境突出问题的窗口期。我国经济已由高速增长阶段转向高质量发展阶段，需要跨越一些常规性和非常规性关口。我们必须咬紧牙关，爬过这个坡，迈过这道坎。

习近平强调，生态环境是关系党的使命宗旨的重大政治问题，也是关系民生的重大社会问题。广大人民群众热切期盼加快提高生态环境质量。我们要积极回应人民群众所想、所盼、所急，大力推进生态文明建设，提供更多优质生态产品，不断满足人民群众日益增长的优美生态环境需要。

习近平指出，新时代推进生态文明建设，必须坚持好以下原则。一是坚持人与自然和谐共生，坚持节约优先、保护优先、自然恢复为主的方针，像保护眼睛一样保护生态环境，像对待生命一样对待生态环境，让自然生态美景永驻人间，还自然以宁静、和谐、美丽。二是绿水青山就是金山银山，贯彻创新、协调、绿色、开放、共享的发展理念，加快形成节约资源和保护环境的空间格局、产业结构、生产方式、生活方式，给自然生态留下休养生息的时间和空间。三是良好生态环境是最普惠的民生福祉，坚持生态惠民、生态利民、生态为民，重点解决损害群众健康的突出环境问题，不断满足人民日益增长的优美生态环境需要。四是山水林田湖草是生命共同体，要统筹兼顾、整体施策、多措并举，全方位、全地域、全过程开展生态文明建设。五是用最严格制度最严密法治保护生态环境，加快制度创新，强化制度执行，让制度成为刚性的约束和不可触碰的高压线。六是共谋全球生态文明建设，深度参与全球环境治理，形成世界环境保护和可持续发展的解决方案，引导应对气候变化国际合作。

习近平强调，要加快构建生态文明体系，加快建立健全以生态价值观念为准则的生态文化体系，以产业生态化和生态产业化为主体的生态经济体系，以改善生态环境质量为核心的目标责任体系，以治理体系和治理能力现代化为保障的生态文明制度体系，以生态系统良性循环和环境风险有效防控为重点的生态安全体系。要通过加快构建生态文明体系，确保到2035年，生态环境质量实现根本好转，美丽中国目标基本实现。到本世纪中叶，物质文明、政治文明、精神文明、社会文明、生态文明全面提升，绿色发展方式和生活方式全面形成，人与自然和谐共生，生态环境领域国家治理体系和治理能力现代化全面实现，建成美丽中国。

习近平指出，要全面推动绿色发展。绿色发展是构建高质量现代化经济体系的必然要求，是解决污染问题的根本之策。重点是调整经济结构和能源结构，优化国土空间开发布局，调整区域流域产业布局，培育壮大节能环保产业、清洁生产产业、清洁能源产业，推进资源全面节约和循环利用，实现生产系统和生活系统循环链接，倡导简约适度、绿色低碳的生活方式，反对奢侈浪费和不合理消费。

习近平强调，要把解决突出生态环境问题作为民生优先领域。坚决打赢蓝天保卫战是重中之重，要以空气质量明显改善为刚性要求，强化联防联控，基本消除重污染天气，还老百姓蓝天白云、繁星闪烁。要深入实施水污染防治行动计划，保障饮用水安全，基本消灭城市黑臭水体，还给老百姓清水绿岸、鱼翔浅底的景象。要全面落实土壤污染防治行动计划，突出重点区域、行业和污染物，强化土壤污染管控和修复，有效防范风险，让老百姓吃得放心、住得安心。要持续开展农村人居环境整治行动，打造美丽乡村，为老百姓留住鸟语花香田园风光。

习近平指出，要有效防范生态环境风险。生态环境安全是国家安全的重要组成部分，是经济社会持续健康发展的重要保障。要把生态环境风险纳入常态化管理，系统构建全过程、多层级生态环境风险防范体系。要加快推进生态文明体制改革，抓好已出台改革举措的落地，及时制定新的改革方案。

习近平强调，要提高环境治理水平。要充分运用市场化手段，完善资源环境价格机制，采取多种方式支持政府和社会资本合作项目，加大重大项目科技攻关，对涉及经济社会发展的重大生态环境问题开展对策性研究。要实施积极应对气候变化国家战略，推动和引导建立公平合理、合作共赢的全球气候治理体系，彰显我国负责任大国形象，推动构建人类命运共同体。

习近平强调，打好污染防治攻坚战时间紧、任务重、难度大，是一场大仗、硬仗、苦仗，必须加强党的领导。各地区各部门要增强"四个意识"，坚决维护党中央权威和集中统一领导，坚决担负起生态文明建设的政治责任。地方各级党委和政府主要领导是本行政区域生态环境保护第一责任人，各相关部门要履行好生态环境保护职责，使各部门守土有责、守土尽责，分工协作、共同发力。要建立科学合理的考核评价体系，考核结果作为各级领导班子和领导干部奖惩和提拔使用的重要依据。对那些损害生态环境的领导干部，要真追责、敢追责、严追责，做到终身追责。要建设一支生态环境保护铁军，政治强、本领高、作风硬、敢担当，特别能吃苦、特别能战斗、特别能奉献。各级党委和政府要关心、支持生态环境保护队伍建设，主动为敢干事、能干事的干部撑腰打气。

李克强在讲话中指出，要认真学习领会和贯彻落实习近平总书记重要讲话精神，以习近平新时代中国特色社会主义思想为指导，着力构建生态文明体系，加强制度和法治建设，持之以恒抓紧抓好生态文明建设和生态环境保护，坚决打好污染防治攻坚战。要抓住重点区域重点领域，突出加强工业、燃煤、机动车"三大污染源"治理，坚决打赢蓝天保卫战。深入实施"水十条""土十条"，加强治污设施建设，提高城镇污水收集处理能力。有针对性治理污染农用地。以农村垃圾、污水治理和村容村貌提升为主攻方向，推进乡村环境综合整治，国家对农村的投入要向这方面倾斜。要推动绿色发展，从源头上防治环境污染。深入推进供给侧结构性改革，实施创新驱动发展战略，培育壮大新产业、新业态、新模式等发展新动能。运用互联网、大数据、人工智能等新技术，促进传统产业智能化、清洁化改造。加快发展节能环保产业，提高能源清洁化利用水平，发展清洁能源。倡导简约适度、绿色低碳生活方式，推动形成内需扩大和生态环境改善的良性循环。要加强生态保护修复，构筑生态安全屏障。建立统一的空间规划体系和协调有序的国土开发保护格局，严守生态保护红线，坚持山水林田湖草整体保护、系统修复、区域统筹、综合治理，完善自然保护地管理体制机制。坚持统筹兼顾，协同推动经济高质量发展和生态环境高水平保护、协同发挥政府主导和企业主体作用、协同打好污染防治攻坚战和生态文明建设持久战。

李克强强调，要依靠改革创新，提升环境治理能力。逐步建立常态化、稳定的财政资金投入机制，健全多元环保投入机制，研究出台有利于绿色发展的结构性减税政策。持续推进简政放权方面的改革，把更多力量放到包括环境保护在内的事中事后监管上。抓紧攻克关键技术和装备。强化督查执法，大幅度提高环境违法成本。引导全社会树立生态文明意识。确保完成污染防治攻坚战和生态文明建设目标任务。

韩正在总结讲话中指出，要认真学习领会习近平生态文明思想，切实增强做好生态环境保护工作的责任感、使命感；深刻把握绿水青山就是金山银山的重要发展理念，坚定不移走生态优先、绿色发展新道路；深刻把握良好生态环境是最普惠民生福祉的宗旨精神，着力解决损害群众健康的突出环境问题；深刻把握山水林田湖草是生命共同体的系统思想，提高生态环境保护工作的科学性、有效性。各地区各部门要狠抓贯彻落实，细化实化政策措施，确保能落地、可操作、见成效。要严格落实主体责任，加大中央环境保护督察力度；坚持一切从实际出发，标本兼治、突出治本、攻坚克难，防止急功近利、做表面文章；咬定目标不偏移稳扎稳打，坚定有序推进工作，扎扎实实围绕目标解决问题；切实依法处置、严格执法，抓紧整合相关污染防治和生态保护执法职责与队伍；确保攻坚战各项目标任务的统计考核数据真实准确，以实际成效取信于民。

国家发展改革委、财政部、生态环境部、河北省、浙江省、四川省负责同志作交流发言。

中共中央政治局委员、中央书记处书记，全国人大常委会有关领导同志，国务委员，最高人民法院院长，最高人民检察院检察长，全国政协有关领导同志出席会议。

    各省区市和计划单列市、新疆生产建设兵团，中央和国家机关有关部门、有关人民团体，有关国有大型企业，军队有关单位负责同志参加会议。

附录 B：制造企业高管访谈

尊敬的各位高管：

因课题研究需要，课题组拟了解贵公司生产制造以及环境保护的情况，本调研仅限于学术研究层面，不会公开传播有关信息。谢谢配合！

一、基本信息访谈

1. 贵公司是否属于传统制造业？

2. 企业性质——国有、集体、民营、外资？

3. 企业产品与业务情况。

二、生产层面访谈

1. 请您介绍一下贵公司生产工艺的总体情况，生产过程是否有污染，污染程度有多高。

2. 请您介绍一下贵公司的能源结构情况。

3. 请您介绍一下贵公司环境保护、污染治理的整体方案。同时回答，污染治理资金的来源是什么？占企业收益的比重多大？请您介绍一下股东或管理层对待降碳减污的态度和价值观。

4. 请您介绍一下环保方面技术改造的情况。

5. 请您介绍一下"三废"处理情况，以及公司是否实现了零排放。

三、政策访谈

1. 谈谈您对中央与地方环保政策的意见与建议。

2. 谈谈您对产业生态化发展的看法。

附录 C：生态产业企业高管访谈

尊敬的各位高管：

因课题研究需要，课题组拟了解贵公司的情况，本调研仅限于学术研究层面，不会公开传播有关信息。谢谢配合！

一、基本信息访谈

1. 贵公司自认为是否属于生态农产品企业？

2. 企业性质——国有、集体、民营、外资？

3. 企业产品与业务情况。

二、业务层面访谈

1. 请您介绍一下贵公司农产品经营情况。

2. 请您介绍一下贵公司生态资源利用情况。

3. 请您介绍一下贵公司"绿水青山"变成"金山银山"的整体方案。同时回答，环境资源开发资金的来源是什么？占企业收益的比重多大？请您介绍一下股东或管理层对待环境资源开发的态度和价值观。

4. 请您介绍一下整个行业环境资源产业化的情况。

三、政策访谈

1. 谈谈您对绿色 GDP（GEP）核算的意见与建议。

2. 谈谈您对生态产业化发展的看法。

后记

党的二十大报告为我们勾勒了美丽中国建设的宏伟蓝图，让我们以习近平新时代中国特色社会主义思想为指导，坚定拥护"两个确立"，增强"四个意识"、坚定"四个自信"、做到"两个维护"，以实际行动为我国生态文明建设贡献力量。

实施"双碳"战略，构建有效运行的生态经济体系，是未来较长时期我国环境治理的关键，本书研究了这一治理模式的框架、逻辑、结构、机制，相信可为政府、企业和社会提供一定的借鉴。

本书受教育部人文社会科学研究青年基金项目"习近平总书记关于生态经济体系的重要论述研究"（20YJC710053）、广交大科研启动费项目"'双碳'战略下中国生态经济体系建设研究"（K42022004）资助。感谢各位朋友为本书出版提出的宝贵意见和建议，感谢西南财经大学出版社为本书出版做出的积极努力。

由于笔者水平有限，书中难免有疏漏之处，恳请广大读者批评指正。当然，文责自负。

孙爱真

2024 年 6 月于广州